孩子不学习，妈妈怎么办

·亲亲宝贝 ·著·

江西人民出版社
Jiangxi People's Publishing House
全国百佳出版社

图书在版编目（CIP）数据

孩子不学习，妈妈怎么办 / 亲亲宝贝著 -- 南昌：
江西人民出版社，2018.8
ISBN 978-7-210-10435-3

Ⅰ．①孩… Ⅱ．①亲… Ⅲ．①学习方法－家庭教育
Ⅳ．①G791②G78

中国版本图书馆CIP数据核字(2018)第104460号

孩子不学习，妈妈怎么办

亲亲宝贝 / 著

责任编辑 / 冯雪松 傅克伟

出版发行 / 江西人民出版社

印刷 / 大厂回族自治县彩虹印刷有限公司

版次 / 2018年8月第1版

2018年8月第1次印刷

880毫米×1230毫米　1/32　7.5印张

字数 / 130千字

ISBN 978-7-210-10435-3

定价 / 42.00元

赣版权登字-01-2018-391

序

著名哲学家雅斯贝尔斯说："教育的本质意味着一棵树摇动另一棵树，一朵云推动另一朵云，一个灵魂唤醒另一个灵魂。"

著名哲学家卢梭说："什么是最好的教育？最好的教育就是无所作为的教育——学生看不到教育的发生，却实实在在地影响着他们的心灵，帮助他们发挥了潜能，这才是天底下最好的教育。"

在孩子的学习过程中，除了老师扮演着重要角色外，家长对孩子的指导也是不可或缺的。从知识层面来讲，家长一般问题不大。但是正像上述两位哲学家所说的那样，辅导孩子学习，方法往往比知识更重要。好的辅导方式可以带给孩子一定的启迪，教会他们如何正确地学习。而学习，是每一个人终其一生都要不断努力做的一件事。

不可否认的是，今天的父母几乎不遗余力地将全部心思都放在了孩子的学习上，比如为孩子创造最佳的学习条件，花很多钱给孩子报各种各样的辅导班、补习班，等等。

可遗憾的是，事与愿违，很多孩子因为找不到好的学习方式而出现了许多问题。比如：没有良好的学习习惯，越学越累；记不住，花了时间却效率不高；作业无法很好地完成；跟不上老师的节奏；不会复习，学得不扎实；提起语、数、英课程就会头痛等。最后的结果是他们逐渐失去了对学习的热情，不爱学习。面对孩子的这些情况，很多父母都感到有心无力，束手无策。

其实，每个孩子都有巨大的学习潜能，关键要看家长如何引导。那么，父母该怎样引导，才能让孩子爱上学习，越学越轻松，最终告别家长的辅导，独立遨游在知识的海洋里呢？这正是本书予以解答的。

本书从培养孩子学习好习惯，提升孩子的记忆力，有效管理孩子的学习时间，指导孩子做好作业，陪孩子预习等十个方面有针对性地提供了一些切实可行的指导方法，从而使家长在指导孩子学习方面有的放矢，培养出会学习、爱学习的孩子。

本书逻辑清晰、环环相扣，方法简单易懂、可操作性强，文字凝练。从困扰孩子学习的重点问题入手，把如何教孩子学习的理念和精髓全部展现在家长面前，是一本具有实际指导意义的工具书。

最后，希望每一位家长都能开卷有益，每个孩子都能爱上学习，快乐成长。

目录

做好整理工作，帮孩子减轻学习压力

第八章

语文这样辅导，孩子进步快

第一章

孩子爱上学习的第一步，从好习惯开始

一次，古希腊大哲学家柏拉图因一件小事毫不留情地训斥了一个小男孩。小男孩不服气地说："您就为这一点小事而谴责我？""你经常这样做，它就不是小事了，你会养成一个坏习惯，它会毁掉你的人生。"柏拉图说。可见，习惯的力量是巨大的。如果是好习惯，则会终身受益；反之，则会终身受害。

引导孩子养成集中注意力的好习惯

　　注意力是孩子学习的重要基础，它决定了哪些信息可以进入大脑并且能被维持、加工、整合到孩子的学习体系中，因此，它与孩子的学习有着非常密切的关系。

　　很多家长反映，孩子在学习方面面临的首要问题就是注意力不集中。

　　孩子注意力不集中主要表现在：

　　（1）上课不能长时间专心听老师讲课，注意力分散；

　　（2）无法很好地理解老师在课堂上讲授的知识；

　　（3）记不住老师口头布置的作业；

　　（4）复述老师所讲的内容时，显得语无伦次……

　　长此以往，便形成了一个恶性循环：孩子无法集中注意力就没法学好，学不好就更不爱学习。

　　针对这个困扰家长和孩子的棘手问题，从事教育工作多年的陈丽萍老师说，孩子注意力不集中，除部分真正患有多动症外，相当多的孩子是由于缺少一种重要的学习能力——听讲能力。她建议家长不妨从以下几个方面入手。

1. 通过语音、语调训练孩子

对于上课容易走神的孩子，家长可以经常让孩子分辨声音的高低、大小、强弱、音色、声源的方向等，以此来增强孩子的听觉分辨能力。比如，家长用高音或低音朗诵一篇简短的文章，让孩子用同样的音调来进行朗读并回答文章所表达的意思。这种方式可以提高孩子对声音的敏感性，帮助孩子集中注意力。

2. 孩子学习过程中不要干扰孩子

很多父母觉得，在孩子学习的时候询问并指导孩子能节省时间。虽然从表面来看父母是在关心孩子的学习，但实际上，这种行为会打断孩子的学习思路，不利于孩子专注力的养成。我们可以等孩子学习完毕，休息的时候再与他们交谈。

3. 保持安静的环境

孩子的注意力往往只能保持在20分钟左右，并且非常容易受到周围环境的影响，所以家长应该尽可能排除各种分散孩子注意力的因素，为孩子创造安静、简单的学习环境。比如，父母要注意自己的言行举止，在孩子学习的时候最好不看电视或把声音调小一些，不大声地打电话、聊天等。

4. 制订一个小的学习计划

很多孩子之所以不能保持注意力，是因为他们缺乏自我监督

和计划。因此，家长应有意识地培养孩子养成制订学习计划的好习惯。比如，放学后要先做哪门功课，复习什么内容，各需要多长时间，可要求孩子用表格的形式（如下表）列出来，严格按照计划执行。如果计划过于紧张，家长还需灵活地指导孩子修改计划，直到计划符合自身的实际情况。

我要学习的内容	计划用时	实际用时

在帮孩子集中注意力的过程中，家长还可以给予孩子一定的夸奖。比如："你完成得很好，很棒！""今天比昨天有进步。"这样的鼓励能增强孩子的自信心，提高他们的学习效率。

玩一玩培养专注力的游戏

当孩子注意力不集中时，妈妈可以和孩子玩一玩下面的游戏，一来可以使孩子放松，二来可以培养他们的专注力。

1.大西瓜、小西瓜

当妈妈说大西瓜的时候，孩子的手要比画成小西瓜的形状；当妈妈说小西瓜的时候，孩子的手要比画成大西瓜的形状。这种方式可以提高孩子的注意力和反应能力。

2. 找数字

让孩子在纸上把大小不同、次序混乱的1~30的数字依次找出并圈上。这个训练可常做，每次记录下时间，以增加训练的趣味性。

培养孩子勇于提问的好习惯

不少家长存在这样的疑问："为什么我的孩子在低年级的时候对学习保持着浓厚的兴趣，可等升入高年级之后，学习越来越吃力，成绩也下滑得非常厉害呢？"针对这一问题，权威教育机构给出的答案是"65.6%的孩子缺乏思考力，不爱发问，从而导致学习的困难越积越多，最终失去了学习动力"。

古人云："学贵有疑，小疑则小进，大疑则大进。"将这句话放到学习中，我们可以这样理解：一个勤奋的孩子能够发现、解决多少问题，就能够学会多少知识。可是在日常的生活、学习中，很多孩子却发现不了问题，或者出于各种各样的原因不喜欢开口问问题，结果错过了进一步深入获取知识的好机会，等遇到新的题目或题型时，他们只能抓耳挠腮，束手无策了。

那么，家长该如何做，才能点燃孩子的学习热情呢？国内一线教育专家给出了这样的建议：

1. 让孩子摆脱对家长的依赖

很多孩子对所学的知识知其然，而不知其所以然，更不爱深究，一看题目不会就向家长、网络、同学"求救"。久而久之，他们头脑中掌握的信息就会是支离破碎的，自然无法主动生成问题，更无法提问。所以，我们要鼓励孩子自己解决问题。比如，孩子在做作业遇到问题时，先让他们放一放，等做完了别的作业再考虑两遍。如果自己实在解决不了，家长再给予帮助。

2. 向孩子提问

家长向孩子提问题，然后再让孩子向家长、老师提问题。比如，在孩子每天放学后，家长可就孩子学到的知识向孩子提问："今天学了哪些汉字、公式，其中有哪些知识比较简单……"之后，再由孩子向家长提问。

3. 听一听孩子对问题的认识

当孩子在学习中遇到问题时，家长应多听一听孩子对问题的认识，了解孩子在学习中的难点，然后家长再说出自己的解答。等孩子理解之后，家长可以出几道题目帮孩子加深认识。

4. 做一做一题多解的题目

平时，家长可以给孩子出一些一题多解的题目，要求孩子尽可能多地给出解答，鼓励孩子从不同角度进行思考，训练孩子的发散性思维。

5. 与孩子一起思考

比如，家长可以和孩子面对面地坐在书房的地上，一人捧着一本书来读，然后共同针对书中的观点或者人物进行讨论，提出问题，这样可以培养孩子的阅读习惯与思考习惯。

此外，家长还可以指导孩子准备一个问题本，将平时学习中不会
的问题记录到问题本中，通过同学、老师或者家长的帮助，解决一个
问题就画掉一个，慢慢地培养孩子爱问问题的好习惯。

从故事中开始发问

当家长和孩子阅读时，可以围绕着故事中的"谁""什么时
候""怎么样了"等问题，让孩子来回答。比如跟孩子一起做一下下面
的这个小练习。

狗、公鸡和狐狸

狗与公鸡结交为朋友，它们一同赶路。到了晚上，公鸡一跃跳到
树上，在树枝上栖息，狗就在下面的树洞里过夜。黎明到来时，公鸡
像往常一样啼叫起来。有只狐狸听见鸡叫，想要吃鸡肉，便跑来站在
树下，恭敬地请鸡下来，并说："多么美的嗓音啊！太悦耳动听了，我
真想拥抱你。快下来，让我们一起唱支小夜曲吧。"鸡回答说："请你
去叫醒树洞里的那个看门守夜的，它一开门，我就可以下来。"狐狸
立刻去叫门，狗突然跳了起来，把它咬住了。

在孩子读完故事之后，我们可以用问题法考考孩子，比如让孩子
回答以下问题：

（1）故事发生的时间是?（时间）

（2）公鸡和狗各在哪里睡觉的?（地点）

（3）文中的角色有哪些?（人物）

（4）狐狸为什么夸奖公鸡?（目的）

（5）故事是怎样进展的?（经过）

（6）公鸡是怎样打败狐狸的?（方法）

（7）通过这个故事你明白了什么?（感悟）

（8）你最喜欢文中的哪个角色，为什么？你可以画出本文中提到的各种角色吗?

围绕着时间、地点、人物、故事情节等内容对孩子展开提问，不仅可以增强孩子对知识的理解，还可以培养他们抓住重点、解决问题的能力。

跟拖沓说"再见"

　　很多不爱学习的孩子通常都有这样的表现：不管是平日在校学习，还是在家做作业，都很拖沓。比如在家做作业的时候，心思完全不在作业上，一会儿削削铅笔，一会儿玩玩橡皮，导致写作业要花费好几个小时。无论家长提醒多少次，孩子总是听不进去。

　　当孩子出现拖沓行为时，很多家长会对孩子加以责备，甚至打骂。这些简单粗暴的方式不仅起不了太大作用，反而会让孩子产生逆反心理，表面上孩子的速度加快了一点，但是等家长不在的时候，孩子又照样拖沓，甚至有些孩子干脆故意拖延时间来表达对家长的反抗。

　　那么，家长该如何合理地引导孩子，帮他们告别拖沓的坏习惯呢？

　　1. 鼓励孩子"快"起来

　　家长要改变对孩子的评价角度，正面引导。如果家长经常说孩子"动作慢"，就会使孩子在潜意识里形成"我很慢""我快不起来"

的消极想法，自然而然地会出现发呆、玩橡皮等各种不想做作业的小插曲。因此，我们在引导孩子的时候，可以有意识地夸奖孩子，比如"今天你比昨天快了十分钟""你能行的"，通过积极的肯定来鼓励孩子的点滴进步。

2. 帮孩子认识时间的价值

很多孩子之所以拖沓，是因为他们缺乏时间观念，不知道时间的宝贵，因此培养时间意识对做事情拖沓的孩子来说至关重要。家长可以在孩子的卧室张贴一些名言警句或者小纸条来提醒孩子，也可以给孩子讲一些名人珍惜时间的故事，以此来提高孩子对时间的认识。

3. 制订监督计划

和孩子一起制订生活日程表，记录孩子每天早晨穿衣、吃饭等所用的时间，坚持记录一周，看看孩子有没有进步。在此过程中，家长可以教给孩子穿衣、洗漱、收拾玩具等节省时间的技巧，培养孩子的时间观念。

周一生活记录表		
活动	用时	家长点评
起床		
洗漱		
吃饭		
做作业		

4. 不给孩子布置额外作业

在教育"减负"的大环境下，很多家长担心"减负"会影响孩子的学习效果，于是，为了让孩子多学一些，部分家长对孩子层层加码，在孩子完成作业后经常给孩子布置一些额外的任务，比如绘画、做习题等。此时，很多孩子会产生逆反心理，觉得不论作业做得快慢，都不能出去玩，不如把做作业的时间化整为零，磨磨蹭蹭地做，起码可以多出一些玩的时间。

解决这个问题的关键是让孩子觉得"快"得值得，这样才能激励孩子高效率地完成作业。家长在孩子做作业之前可以结合孩子的情况对还需要完成的任务做一个时间预计，切记一定要给孩子留下足够的可自由支配的时间。比如，做作业需要一个半小时，在孩子保质保量地完成后，剩余的时间可由孩子自由支配，孩子可以玩玩具，或者做一些体育锻炼等。经过几次这样的互动后，孩子就会抓紧时间做作业，因为对孩子来说，早点写完作业就有足够的时间去玩了。

5. 让孩子体会一下拖沓带来的后果

这也是改掉孩子拖沓毛病的好方法。比如，孩子起床后穿衣、吃饭比较拖沓，这时家长可以提醒一下孩子"再不快点就迟到了"，如果孩子无动于衷，家长可以不再催促，让孩子迟到一次，这样，孩子就会认识到拖沓给自己带来的害处，几次过后，孩子就会自觉地加快速度。

合理安排做事的次序

在意大利，一名学者联合三家学校组织了一次试验，这个试验的目的是考察少年对时间观念和事情轻重的分辨能力。

试验的器材很少，只有水壶、墩布和各种吃饭用具。这名学者把它们的摆放顺序依次打乱，然后又把试验者按照学校分为三组，并告诉他们试验的做法。其实很简单，只要把各种吃饭的用具收拾干净，把水壶里的水烧开，用墩布把地拖干净，然后再写一篇文章。

第一组试验者，首先做的是收拾吃饭用具，其次是拖地，然后是烧水，最后才是写那篇文章，一共用时二十分钟。

第二组试验者，首先是写文章，其次是收拾餐具，再次是拖地，最后才是烧水，一共用时也是二十分钟。

到了第三组试验者，首先是烧水，在烧水的过程中，他先收拾餐具，其次写文章，然后是拖地，而做完这一切后，水也刚刚烧开。他的用时一共是十分钟，比前两组试验者足足快了十分钟。

由此可见，人在一定的时间段内是完全可以同时进行几件事情的，关键是要有珍惜时间的观念，并能巧妙地安排做事的次序。

养成记笔记的好习惯

　　19世纪法国著名小说家、剧作家凡尔纳在40年中共创作了100部作品，并取得了巨大成功，他的不少作品被翻译成多种语言，受到了各国读者的喜爱。比如《海底两万里》《八十天环游地球》《气球上的五星期》《格兰特船长的儿女》等。他的作品对科幻文学流派有着重要的影响，因此他与赫伯特·乔治·威尔斯一道，被一些人称作"科幻小说之父"。那么，是什么原因使这位多产作家有如此巨大的创造力呢？许多人都在探索着这个奥秘，却又不得而知。

　　直到凡尔纳逝世以后，人们才从他的书房里发现，他为了写出这100部作品，一生中亲笔摘录了两万五千多本笔记。原来他是运用笔记的形式，广泛搜集资料，积累创作素材的。比如，为了创作《月球探险记》，他就阅读了500多册书，记下了满满几大本笔记。

　　好记性不如烂笔头，读书千遍不如写一写、记一记，这是孩子爱上阅读，并进行自主学习的重要途径。第一，做读书笔记可以弥补阅读过后遗忘的弊端，增强孩子的记忆力。第二，孩子在做阅读笔记的过程中需要大量思考，这对孩子的思维能力以及逻辑性有着很好的锻炼作用。第三，动手记录笔记也有利于孩子积累课外资料，不仅对语文有益，对其他学科也都有帮助，因为一通百通，孩子获得的是自己动手整理、加工的学习技能。

家长在指导孩子做读书笔记的时候不妨参照下述方法：

1. 让孩子记录阅读的基本信息

基本信息包括以下几项：

（1）时间：记录写读书笔记的时间，只要精确到日即可。

（2）篇名：填写当篇文章的题目。

（3）作者：填写当篇文章的作者。

2. 让孩子记录阅读的主要内容

妈妈应教会孩子把所读文章的主要内容写下来。可以记录每部分的内容，也可以画出结构图，并做必要的文字补充。

3. 指导孩子进行摘抄

妈妈要指导孩子摘抄以下内容：

（1）不明白的字：有许多寓言故事、成语，这类词语不仅要懂得整个成语的意思，还要能解释清楚个别字的意思。如"亡羊补牢"中的"牢"的解释，指导孩子直接在"牢"的下面打上"·"，并在"牢"的上面记录"羊圈"；"爱不释手"中的"释"的解释，可以指导孩子直接在这个字上面写上"放"，这样孩子既能很清楚地记录字的意思，又能依据字义读懂词语的意思，提高记录效率。

（2）好词：摘抄当篇文章的优美词语。

（3）好句：摘抄当篇文章的优美句子。

（4）好段：摘抄当篇文章的优美段落。

需要注意的是，孩子摘抄的好词内容可以是词语，也可以是词组，在孩子摘抄的过程中要注意多摘抄没学过的词语、优美句子及好句好段。

4. 针对书中的内容提出问题并解答

提的问题可以是解释词语、句子（格式：××是什么意思？怎么理解××这句话等），根据中心提问题（格式：本文的线索是什么？）等。然后根据所提的问题进行回答。

5. 记录一下收获、体会

（1）收获：填写读完此文章以后的收获。"收获"主要写懂得了什么道理，学到了什么。

（2）体会：填写读完此文章以后的体会。"体会"主要写感受到了什么，在记录时尽量要求孩子组织语言，写出自己的真情实感。

6. 读完之后要做扩展

做扩展，就是填写和本篇文章内容相关的资源。可以是文章作者的简介或和本篇主题相关的名言，也可以是该篇文章的写作背景，总之一切和本篇文章有关的内容资源都可以。比如在阅读了一篇关于动物的文章后，可以摘抄描述小狗、小猫的好词、好句、好段。

俗话说："万事开头难。"在孩子刚开始写读书笔记时，家长一定要给孩子一定的引导，可以把对读书笔记的训练和对作文的训练结合在一起。比如，家长在指导孩子写关于春天的作文时，可以先让孩子说说自己眼里的春天是怎样的。如果孩子只是三言两语就讲完了，此时家长不妨适时地提出让孩子先积累一些描写春天的句子，比如描写春天花朵、天空等的句子。然后在孩子找到相关精彩的句子后，再引导孩子恰如其分地运用到作文中去。这样，孩子为了写好作文就会很认真地做读书笔记，从而激发孩子做读书笔记的兴趣。

如果孩子每一次都能认真地做读书笔记，书写整洁大方，那么，孩子不但可以真正学习到课外知识，而且可以养成认真做事、自主学习的好习惯，受益终身。

听也是一种读

阅读和做笔记整理的方式是多种多样的。在孩子看书累了之后，家长可以准备一些音频资料，以听代看。

1．当一回解说员

孩子在听完之后可以向其他人述说一下听到的内容。比如，在听完一个完整的故事后，孩子可向妈妈详细地复述出刚才听到的故事，或者把刚听到的故事用彩色的画笔画下来。

2．修改故事结局

在孩子听完某个故事后，可以尝试着按照自己的意愿对结局进行修改。比如在听了安徒生的《美人鱼》后，可以把自己当成一个"小作家"，发挥想象来改变美人鱼的命运，这对提高孩子的写作能力很有帮助。

3. 从"听"的过程中获取素材

在听之前，孩子可以准备好一个记录本、一支笔，将听到的收获记录下来，说不定哪天就可以在作文中用到这些素材。

听一听就可以掌握书中的内容，从这个意义上来说，听就是一种读。家长不妨带领孩子试一试。

第二章

提升孩子的记忆力，提高孩子学习的信心

很多孩子学习差就差在记忆力上，记忆效率低下，记忆效果不佳。长此以往，孩子就会逐渐失去对学习的兴趣。因此，我们可以说，只有孩子记得牢，他们才会重树对学习的信心。

尝试回忆法

　　很多对学习丧失兴趣的孩子都有过这样的挫败体验：自己把学习资料一遍遍地从头到尾读了七八遍，信心满满地自以为记住了，结果合上书之后，大脑依然一片空白。

　　关于这个问题，心理学家曾经做过这样的试验：让三个学力水平相差无几的学生A、B、C在同等时间内复习刚学过的一段内容。A同学把全部时间都用来读；B同学用一半时间读，一半时间试背；C同学用五分之一的时间读，五分之四的时间试背。

　　测试结果显示，A同学记住了三分之一，B同学比A同学多记了二分之一，C同学比A同学多记了一倍。B同学和C同学所做的"试背"，并不是死记硬背，这是一种及时反馈的"尝试记忆法"。这种记忆方式可以促使孩子及时查漏补缺，提高大脑皮层神经细胞的兴奋性，帮助孩子集中注意力，从而减轻孩子的记忆压力，提升学习效率。

关于这种记忆方式，宋代教育家朱熹在《读书之要》中也曾经提及，他说："读书之法，读一遍，又思量一遍；思量一遍，又读一遍；读诵者，所以助其思量，常教此心在上面流转。"朱熹强调读书时并非单纯地阅读，而是要做到"思量"，即思考和回忆相结合，交替进行，从而加深记忆。

那么，在了解了这种记忆方式后，家长该如何指导孩子应用呢？

1. 考一考

家长可以指导孩子采用复述、默写等方式进行记忆。比如，在指导孩子背诵《桃花源记》第二段"林尽水源，便得一山，山有小口，仿佛若有光。便舍船，从口入。初极狭，才通人。复行数十步，豁然开朗。土地平旷，屋舍俨然，有良田美池桑竹之属。阡陌交通，鸡犬相闻。其中往来种作，男女衣着，悉如外人。黄发垂髫，并怡然自乐"时，可以先让孩子读熟，然后合上书尝试背诵后，再按照下述方式默写一遍：

林尽水源，（　　），山有小口，（　　）。便舍船，从口入。初极狭，才通人。（　　），豁然开朗。土地平旷，屋舍俨然，（　　）。阡陌交通，（　　）。其中往来种作，男女衣着，悉如外人。（　　），并怡然自乐。

又如，在识记一个比较复杂的数学定理证明时，孩子也可以合上书尝试用笔演算一遍，如果过程中有忘记的，可以打开书本，再查漏补缺。

2. 难点之处重点背诵

家长在指导孩子运用尝试回忆法背诵时，要让孩子重点回忆难点和关键点，也就是那些自己在回忆中容易卡壳的地方，比如背诵《生于忧患，死于安乐》中"故天将降大任于斯人也，必先苦其心志，劳其筋骨，饿其体肤，空乏其身，行拂乱其所为，所以动心忍性，曾益其所不能"这一句时，可以抓住"苦""劳""饿""空乏""拂乱"等关键词语重点复述、回忆。

3. 采用尝试回忆法要注意时间分配

建议孩子背诵与回忆的时间分配为1∶4，这样做，虽然每次回忆都很费时间，但是却恰到好处地抓住了自己记不住的难点，从而加快了记忆速度。另外，家长要注意的一点是，在孩子进行尝试回忆之前，可以规定一下背诵时间，这样更有利于孩子集中注意力。

尝试回忆法是一种由开始难记到后来越来越简单的记忆方式，孩子通过一遍遍的记忆反馈，查漏补缺，可以增强记忆信心，特别是当孩子遇到较难的材料时，或者较长的材料，在读几遍后，就发现已经记住了其中的大部分内容，这无疑会让孩子体验到成功的喜悦心情，极大地激发孩子的学习动机，促使他们信心百倍地完成接下来的学习任务。

提高孩子的观察力

有一位家长，每次带孩子外出时，他都要求孩子观察周围的环境特点，比如有什么树木，有几座桥，湖中有几只鸭子等，然后让孩子闭上眼睛再说出来。经过一段时间的观察和锻炼，孩子识记周围物体的速度越来越快，准确率也越来越高，同时口头表达能力也提高了不少。

从这个案例中我们可以看出，观察力对记忆力是有一定的促进作用的。正如列宁所说的，"如果把记忆看作是储存知识的仓库，那么观察好比是摄取知识的大门"。

在平时的生活中，家长除了可以通过让孩子观察周围环境提高孩子的观察力外，还可以通过以下游戏提高孩子的观察力。

1．观察图形和数字

家长可以制作一些图形或者数字卡片给孩子看，每隔一秒钟给孩子展示一张卡片，然后让孩子快速地记录所看到的图形或者数字，十分钟之后统计一下孩子的准确率。

2．观察实物

比如，孩子在识记"狗"字时，家长可以引导孩子观察狗的四肢、毛发等，然后问一问孩子"狗狗是什么颜色的""狗狗生气时怎么叫""狗狗脖子上有没有铃铛"，通过多方面的观察帮助孩子理解记忆。再比如，孩子分不清小鸡和小鸭，家长可以引导孩子观察小鸡的嘴巴是尖的，小鸭的嘴巴是扁的，小鸭可以在水里游泳，小鸡不可以在水里游泳等特征来教孩子进行分辨。

观察可以使观察对象在孩子的大脑皮层留下深刻的记忆痕迹而不容易被遗忘，观察力之所以能够提高记忆力，主要就是因为这一点。

首尾记忆法

在背诵的过程中，很多孩子都会出现这样的有趣现象：识记一篇较长的文章时，首和尾总是记得很清楚，而中间部分却常常忘记，这是为什么呢？

在心理学中，把先记住的材料对后记住的材料的干扰叫作"前摄抑制"，把后记住的材料对先记住的材料的影响叫作"倒摄抑制"。而且记忆的内容越相似，这种抑制作用就越强。

举例来说，识记A、B、C、D、E、F这六个字母，开头A和结尾F只受单向抑制，所以容易识记，而中间部分B、C、D、E则受双向抑制，越是中间的部分，受到的抑制越强烈。这就是中间部分容易被遗忘的原因，即识记材料开始部分只受倒摄抑制的影响，识记终末部分只受前摄抑制的影响，而识记中间部分则同时受这两种抑制的影响。

为了降低这种抑制，提高记忆效率，可以采用首尾记忆法，古今中外很多成功之士都曾使用过这种记忆方法。比如，马克思在写《资本论》时，会穿插演算高等数学，有时会到室外去散步。物理学家、化学家居里夫人在谈到自己的学习方法时说："我同时读几种书，因为专门研究一种东西会使我宝贵的头脑疲倦。"

这种看似简单的道理好像谁都懂，但是，在实际中，很多孩子却不知道利用首尾记忆法，他们下课后争分夺秒地做习题，连轴转，日复一日，弄得自己筋疲力尽，学习上却收效甚微。为了避免孩子陷入这种下了功夫却没有效率的怪圈，家长在指导孩子学习时，可以结合首尾记忆法，按照下述方法进行。

1. 抓住早上和晚上

早晨起来，不受前摄抑制的影响；晚上学习过后就睡觉，不受倒摄抑制的影响。这两个"黄金时间"不能错过，孩子可以利用这两段时间记那些难度较大的材料，会收到意想不到的效果。比如，孩子每天早上起床时可以背背单词，上午或是下午放学后再巩固一下，这样，很多单词就可以轻松地背下来了。

2. 记忆材料要有穿插

孩子在学习时，要经常交替学习材料，尽量使前后相邻的学习内容截然不同，减少内容相近的科目相互干扰，消除抑制，提高大脑的工作效率。比如，刚学完历史，不要去学语文，可以做一做数学题或者背一背公式。

3. 时间要有间隔

孩子所处年龄段不同，注意力持续的时间也不一样。一般来说，小学生的注意力一般在20分钟左右，中学生对一门功课的注意力维持在30~45分钟。所以，孩子在长时间学习后最好休息10~15分钟，这样，不仅可以消除大脑疲劳，还可以增加开头和结尾的次数，降低抑制作用的影响，提高记忆效果。

4. 分隔记忆

比如，孩子要一次记忆很多单词或者公式时，可以改变记忆次序，每记一次就换一个开头和结尾，这样能保证每个单词或者公式都能记得很牢固。再比如，记忆大篇幅的材料，可采取分段记忆法，这样就人为地制造了多个开头和结尾，从而加深了记忆。

按照上述方式不断训练孩子，你会发现，充分地利用好首尾记忆法，孩子可以在同样的时间内，用同样的精力取得更加显著的记忆效果。

简化记忆材料

我们都知道识记所需的时间随识记材料数量的增加而增加。即识记的数量越多，所花的时间越多。如识记7音节的词，识记总时间为3秒，而识记36音节的词，识记总时间则为792秒。为了使孩子掌握大段的记忆内容，我们可以教他们化简记忆。比如下面的例子：

1. 用化简记忆法记《江雪》

柳宗元的《江雪》一诗："千山鸟飞绝，万径人踪灭。孤舟蓑笠翁，独钓寒江雪。"使用化简记忆法提取每一句的首字，可以记为"千万孤独"。

2. 用化简记忆法记忆形体相关联的字

（1）马（笃、骂）、乌（呜）、鸟（鸣、鸡、鸭、鹅、鹏）……

（2）口、日、曰（白、百）、田（亩、苗）、甲（呷）、由、申（坤、伸、抻、呻）、电……

（3）艮（良、狼、狠）……

3．用化简记忆法记忆《辛丑条约》的内容

1901年，清政府同英、法、美、俄、德、日、意、奥等国，签订了丧权辱国的《辛丑条约》。主要内容有四项：（1）清政府赔款——白银4.5亿两，可化简为"钱"；（2）要求清政府严禁人民反帝，可化简为"禁"；（3）允许外国驻兵于中国铁路沿线，可化简为"兵"；（4）划定北京东交巷为"使馆界"，允许各国驻兵保护，可化简为"馆"。这四项内容可化简串联记作"前进宾馆出新丑"。

4．用化简记忆法记寓言

比如《狐狸与老虎》的故事：从前，有只老虎抓到了一只狐狸。狐狸说："你不敢吃我！我是天上的神仙派来的！"老虎不信，说："我一定要吃了你！"狐狸说："如果你吃掉我，就是违背天帝的命令！"老虎有些犹豫了，不知道该不该吃掉狐狸。狐狸说："你要是不信的话，就跟我一起走，看大家是不是都怕我。"老虎觉得有道理，就按照狐狸说的做。结果，路上的动物看见它们都害怕得逃走了。老虎信了狐狸的话，把狐狸放走了。其实，野兽真正害怕的是老虎。运用化简记忆法可以记为：老虎、狐狸、吃了你、命令、一起走、动物、害怕、逃走。

归类记忆法

试着记忆下列10个词：

科学家、绿、狗、母亲、自行车、工程师、蓝、汽车、父亲、猫

　　是不是感觉难度很大？但是如果把这些词概括为职业类（科学家、工程师），亲属类（父亲、母亲），颜色类（绿、蓝），交通工具类（自行车、汽车），动物类（猫、狗），是不是感觉记忆脉络一下子变得准确、清晰、牢固了呢？

　　平时，我们都有这样的体验：分散的、杂乱的、片断的知识不容易记，而且在大脑中保持得不长久；而有条理的、系统化的知识记起来则不难，并且在大脑中保存的时间也会更久一些。这是因为记忆的过程是信息输入、编码、贮存和提取的过程。如果学习者只偏重于向大脑输入信息而忽略对这些信息进行归类和加工，那么所获得的知识是杂乱且毫无系统的，显然，这不利于记忆。

那么，在了解了这样的记忆原理后，我们该如何指导孩子将知识条理化，帮助他们提高记忆效率呢？家长不妨按照下述方式尝试一下。

1. 同类规分

可按记忆对象的性质、材料、大小、颜色、重量、场所等进行划分。比如，当孩子在阅读文章时，可以把同义、近义的词列在一起。比如：安顿、安放、安排、安置；宁静、平静、清静。学习英语单词时，也可以把相关的词都归为一类。比如：星期（week）——Monday（星期一），Tuesday（星期二），Wednesday（星期三），Thursday（星期四），Friday（星期五），Saturday（星期六），Sunday（星期天）；月份（month）——January（一月），February（二月），March（三月），April（四月），May（五月），June（六月），July（七月），August（八月），September（九月），October（十月），November（十一月），December（十二月）；季节（season）——spring（春天），summer（夏天），autumn（秋天），winter（冬天）。再比如，在孩子学完计量单位后，可以把学过的所有内容进行归纳划分，比如长度单位、面积单位、体积和容积单位、重量单位、时间单位等。这样进行归类，能够帮助孩子把零散的知识条理化，易于记忆。

2. 异类规分

在孩子记忆相似材料时，稍加比较，各自的特点也就突出了，从而能起到强化记忆的效果。比如"跑、抱、袍、炮"这四个字，字形、字音相近，容易混淆，归类比较后，可编成顺口溜加以区分。如"有足就是跑，有手就是抱，有衣就是袍，有火就是炮"。再比如"戌、戍、戊、戎"这四个字，字音虽然各异，但是字形实在很难分得清。一个小学生根据它们的读音和形体差异，总结出了一个顺口溜："横'戌'点'戍''戊'中空，一横一撇就是'戎'"。这样一来，他自己不但能分清读音，而且能准确写出每个字。别的同学总是在这几个字上出差错，可是他每次都能正确地按要求填写。后来他把这个顺口溜在班上公布，全班同学都知道了藏在字里的秘密，之后几乎没有人再犯这样的错误。类似的字还有"暮、慕、幕"，区分起来也很容易，太阳落山躲进草棄里去了，就是日暮降临的"暮"；拉起帷帐，躲在后面的就是幕后的"幕"；剩下的这个就是羡慕的"慕"了。

分类记忆法是将记忆材料化繁为简的过程，因为每个要点之间都有一定的联系。这样，知识被连成了片，孩子一记一大片，一回忆也是一大片，记忆的效率当然就成倍提高了。

组合记忆

组合记忆与其说是一种方法，不如说是一种游戏。这种在游戏中记忆的方法可以让孩子们牢固地掌握单词和汉字。比如，以英语中的某个单词为基础，通过"加、减、换、调"其中的某个字母就可以得出一个新词。

（1）单词前面加字母，例如：is—his, ear—near/hear, read—bread。

单词后面加字母，例如：hear—heart, you—your, plane—planet。

单词中间加字母，例如：though—through, tree—three, for—four。

（2）减字母，例如：she—he, close—lose, start—star。

（3）换字母，例如：book—look/cook, cake—lake/wake/make/take。

（4）调字母（即改变字母顺序），例如：blow—bowl, sing—sign, from—form。

再比如，以汉字中的加、减、换、调法为例。

（1）汉字加法：甲—里—厘—鸭。

（2）汉字减法：花—化。

（3）汉字换法：怡—贻，梅—海。

（4）汉字调法：杏—困，古—田。

当然，有些单词和汉字是不能通过上述方式进行记忆的，这时我们可以将单词拆分开来，让孩子分别用单词中的字母组成一个新的单词。比如，"cup"中的"c"可以组成"camera"，"u"可以组成"usually"，"p"可以组成"pick"。再比如我们还可以让孩子把一个较烦琐的字拆成几个单独的字来记忆。如"赢"字可拆为"亡""口""月""贝""凡"，"腐"字可拆为"广""付""肉"等。

艾宾浩斯记忆法

艾宾浩斯是德国著名的心理学家，他曾经通过试验得出了这样的结论：在学习中的遗忘是有规律的，遗忘的进程先快后慢。学到的知识在一天后，如不抓紧复习，就只剩下原来的25%，随着时间的推移，遗忘的速度会逐渐减慢，遗忘的数量也会相应地减少。基于这样的结论，有人做过一个试验，让两组学生学习一段课文，甲组在学习后不复习，一天后记忆率为36%，一周后只剩13%。乙组按艾宾浩斯记忆规律复习，一天后保持记忆率98%，一周后保持86%，乙组的记忆率明显高于甲组。

所以，我们就不难理解为什么很多孩子在回忆刚学过的知识时总是感到很模糊，往往是知识点刚到嘴边又忘记了。说白了，这就是孩子没有及时地巩固和复习，对知识点记忆不深的缘故。要想克服这种情况，实现孩子长久地记忆，家长在指导孩子记忆时可以这样做：

1. 科学地安排复习时间

根据艾宾浩斯发现的遗忘规律，科学家们对复习时间做了科学的安排，孩子按照这个时间去复习，会取得意想不到的记忆效果。具体复习时间是：第一次，学完知识后的20分钟；第二次，距离上次1小时后；第三次，2小时之后；第四次，1天后；第五次，一周之后。这样持续地记忆，就可以将知识牢牢地印在大脑里。

2. "放电影"式回忆

著名化学家、教育家唐敖庆曾经介绍说："听了一天课，复习的时候，不要忙于对笔记、翻课本，最好集中精力在脑子里先'放电影'，把老师讲的内容先回忆一遍，看看记住了哪些，还有哪些不理解、没记住，然后再去看笔记和课本。"其实，唐老师所讲的这种方式就是一种自我检测，方便孩子及时了解自己没记住的地方，巩固记忆。举例来说，可以让孩子回忆一下一天的学习活动。

上午，第一节课，数学，讲了单项式和多项式，单项式指的是……多项式指的是……

第二节课，英语。今天讲的是第二单元第一课，试着背一下课文……

第三节课，体育课。

第四节课，语文，讲了几种新体裁的作文。第一种是……第二种是……第三种是……

下午，第一节课，历史，讲了……

第二节课，自习。今天做了一张物理卷子。100分的卷子得了85分。失去的15分，一是物理公式记错一个，二是计算错了一处，我是这样改正的……

第三节课，自己做作业，遇到的问题是……

这种方式简单、方便，孩子可以随时随地进行。当孩子遇到回忆不起来的地方时，可以打开书查找答案，然后合上书本再次回忆。

3. 自问自答

家长可以让孩子站在老师的角度问一下自己："如果我是老师，我希望学生掌握哪些问题呢？"之后，做出全面的、准确的回答。这种方式可以是默不作声的，即在头脑里"设问"和"自答"，也可以朗读出来，或用纸笔进行作答。

4. 与孩子讨论

鼓励孩子与家长或者同学进行探讨，以此了解自己究竟掌握到何种程度，还有哪些薄弱环节。

5. 对人试讲

在孩子学完一个单元的课程后，家长可以鼓励孩子用自己的话将所学的知识表述出来，比如，这个单元学了些什么，有哪些主要内容，取得了什么收获。在孩子讲述的过程中，家长还可以顺便向孩子提问，要求他们解答。通过这种方式，孩子不仅可以整理出自己的知识系统，还加深了对所学知识的理解和记忆。

记忆只是过程，通过记忆牢固地掌握知识才是重点，结合艾宾浩斯遗忘规律，孩子科学地进行复习和检测，可以尽快地发现学习的不足之处，从而记得更牢，对知识的理解也会更加深刻。

联想记一记

苏联心理学家戈洛万·斯塔林茨用试验表明，任何两个概念都可以经过四五个阶段建立起联系。比如"木质"和"皮球"就可以通过中间环节这样联系：木质——树木——田野——足球场——皮球；再比如"天空"和"茶"，我们可以这样联想：天空——土地——水——喝——茶。尽管死记硬背我们也可以把这几个词掌握，但是通过由A想到B，由B想到C的联想方式，可以使我们的记忆更长久，我们记忆起来也会更轻松。

比如，在指导孩子记忆英语单词的时候，我们可以通过单词之间的联系建立联想，轻松记忆。以记忆care这个英语单词为例，我们可以问问孩子care的形容词是什么，副词形式是什么，反义词是什么等。记sea和season时，可以教孩子这样联想：季节是大海的儿子。

再比如，在记忆语文汉字时，在学习"哭"字的时候，我们可以问问孩子"哭"中的那一点看着像什么，学习"鸟"字的时候，"鸟"字中的那一点又是什么。"买""卖"这两个字很多小学生容易弄混，我们可以教孩子这样联想：在日常生活中，人们通常是缺少了什么东西才买，所以"买"字恰恰比"卖"字少了个"十"字头。

多感官同时记忆法

有人做过这样的试验：

让三组来自不同家庭的孩子记忆10张画的内容，第一组的孩子只给他们说画的内容，不让他们看画；第二组的孩子只让他们看画，不告诉他们画的内容；第三组的孩子既给他们看画，又给他们讲解。一段时间后，检查这三组孩子对这10张画的记忆情况。结果，第一组记得最少，只有60%；第二组稍多，为70%；第三组记得最多，达到86%。实验说明，学习时调动的感觉器官越多，记忆的效果就越好。

这是因为记忆分为"视觉符号记忆"以及"运动记忆"。"视觉符号记忆"是指只用眼睛看的默记，是大脑对视觉符号的记忆，这是一种遗忘速度较快的记忆方式。而"运动记忆"是指读、写和运动性的记忆，并不限于躯干、四肢的运动，也包括身体各局部肌肉的细微运动。音乐家可以不假思索地演奏一首完整的曲子，雕刻家可以娴熟准确地完成一件工艺品，莫不与运动记忆有关。"运动记忆"是一种遗忘速度较慢的记忆方式。所以，在学习中，要充分调动人的视觉、听觉、运动等各个大脑中枢的积极性，协同记忆，这对于提高记忆质量效果显著。

具体来说，家长在指导孩子学习的时候，可以要求孩子做到"五到"。

1. 心到

孩子在背诵时要做到专心致志。为了实现这一点，在孩子背诵前，家长可以就孩子的背诵内容提几个问题，让孩子带着问题背诵，这样不仅可以提高孩子的思考能力，还可以加深孩子对背诵内容的理解。

2. 手到

我们知道，记忆这项活动就是不断与遗忘做斗争的过程，在此过程中人无法做到过目不忘，所以还需要发挥"手"的作用。常言说"好记性不如烂笔头"，背诵的知识可能当时记住了，可是过了一段时间，就会忘记。所以，在记忆时，指导孩子动手在纸上写一写很有必要。另外，对于孩子在背诵过程中突然想到的问题，也可以让孩子记录在纸上，等背诵完毕，再去解答。

3. 耳到

在背诵的过程中，听也是很重要的一环，尤其是语文、英语这两门课程，听课文朗读、听英语听力都是很有必要的。比如，在背诵英语课文的过程中，借助朗读设备，孩子就可以轻松掌握英语单词和句子的语音、语调、重音、连读、断句等发音，无疑，这会加快孩子的记忆速度。

4. 眼到

在孩子背诵的过程中，要注意认真看教材、看试卷、看上课做的笔记、看习题集等，多方面翻阅，这样印象才会更加深刻。

5. 口到

很多孩子在背诵时只是默读，这样就缺乏对语言神经的刺激，记忆当然不会太深刻。以英语学习为例，孩子应当对学过的课文多读、勤读，利用一切可能的机会开口说，比如与同学进行对话、演唱英文歌曲、朗读英语诗歌等，这样才能学得灵活，记得扎实。

动手记忆开发智力

家长在指导孩子学习时，可以通过强化孩子的动手能力来进行记忆。这是因为实验、制作等动手活动，一方面可以提高孩子对知识的理解，另一方面还可以促进大脑沟回的加深、增多，让孩子变得更聪明，更有创造力。

比如，家长在教孩子进行2+3=5的运算时，可以借助教具，问一问孩子2可以分成几加几，3可以分成几加几，再让孩子大声地说出来，这样，信息就通过视觉和听觉传送到了大脑，之后在大脑进行深加工，孩子便可以得出最终的结果。

有效的时间管理，让孩子越学越起劲

很多孩子在学习上付出了大量的时间和精力，却没有收到很好的效果。结果，这些孩子就错误地认为，自己无论如何也无法赶上去，于是就出现了破罐子破摔的情况。其实，只要孩子学会高效地管理自己的学习时间，就会取得事半功倍的效果。

学习计划一定要具有可行性

　　提到时间管理，很多家长首先想到的是让孩子做一个学习计划。可为什么很多孩子在制订完学习计划后，总是无法很好地完成或者收效甚微呢？原因常常在于，这些孩子在制订计划的时候，只设想着一个可望而不可即的目标，而忽略了计划的可行性。

　　一个中学生做过这样一个计划。

　　早上五点：起床，背课文

　　六点：背课文

　　七点：上学

　　七点半：早自习，背诵英语课文

　　上午：认真听老师讲课

　　课间操：背50个英语单词

　　中午：做一套物理模拟题

下午：认真听老师讲课

下午自习：做作业

晚上七点半：复习一天的功课

晚上八点半：做一套化学习题

晚上九点半：做课外习题

晚上十点半：写日记，或者写一篇习作

晚上十一点半：背10个英语单词

晚上十二点：睡觉

我们初看这份计划，一定会觉得这个孩子是一个非常用功、努力学习的孩子，可是我们再仔细看一下，就不难发现这样的一个问题：除去睡眠，这个孩子把所有的时间都安排满了。试想，这样的一份计划又有多大的可行性呢？

而另外一个成绩不错的孩子，他一天的安排则要轻松许多。

早上：背诵一篇英语课文。

课间：参与课外集体活动，放松紧张的神经。

中午：睡一个小时左右，这样可以保证下午的学习效果。

下午自习课：完成五道应用题，做一套化学试题。

晚上：先完成作业，然后用一至两个小时的时间做一些与当天所学内容有关的练习，作为复习和巩固。如果还有时间，就针对自己的薄弱环节，查漏补缺，进行强化训练。

十点半之前：上床睡觉。

这份计划张弛有度，孩子结合自己的实际情况把学习时间与休息时间安排得恰到好处，取得了很好的执行效果。

由此可见，只有具备了切实可行的计划之后，孩子才知道自己要做什么，如何做，如何分配时间等。那么，怎样才能够制订一个科学、合理的学习计划呢？

1. 列出孩子的学习任务

和孩子共同商讨、研究一下他有哪些具体的学习任务，把这些任务一一列出来。再计算一下每天有多少学习时间可供分配，每项学习内容大致需要花费多少时间，然后再把这些学习任务科学地分配到一天或者一周中去。

语文学习任务	数学学习任务	英语学习任务
1. 写一篇作文 2. 背诵一篇唐诗 3. 掌握20个汉字	1. 改一改错题 2. 默写数学公式 3. 做课后习题	1. 练习一般时态 2. 背诵刚学过的单词 3. 做英语听力
耗时一个小时	耗时半个小时	耗时一个半小时

2. 把计划列在纸上

对于绝大多数没有掌握正确的学习方法的孩子来说，列一个白纸黑字的书面学习计划，可以帮助他们明确学习任务，理清学习思路，更好地起到促进学习的作用。比如：

（1）我要花10分钟的时间背诵英语单词；

（2）我要花15分钟的时间熟悉英语句型；

（3）我要花20分钟的时间完成数学作业。

3. 学习计划目标不宜过高

有些家长在制订计划时往往把目标定得过高，比如，这个周末做50道计算题，下个周末背诵100个英语单词……结果，这些目标远远超出了孩子的承受范围，孩子在看到这样的目标后，往往会产生畏难情绪，导致计划无法很好地执行。因此，学习计划要结合孩子的实际情况，不能好高骛远。

4. 及时检查计划的执行效果

计划制订好后，为了保证落实到位，家长要及时检查一下孩子的执行情况。检查时，可以看看孩子是否按照计划去认真执行了，效果如何。如果效果不好，要找出原因是什么。通过不断地检查和调整，改变计划不合理的地方，从而保证计划能起到促进孩子学习的作用。

最后，提醒大家的一点是，列计划时，要注意给孩子留出休息和娱乐的时间，使学习做到张弛有度，提高孩子对时间的利用率。

每晚15分钟的妙用

奥斯特是加拿大著名的医学教育家，还兼任多个社会职务，工作繁忙自然不必多说。为了阅读喜爱的书籍，他规定自己必须在睡前抽出15分钟的时间进行阅读。许多年后，他对自己的读书效果进行了计算：就一般的阅读速度而言，一分钟可读300字，15分钟能读4500字，一周读3.15万字，一个月则是12.6万字。如果1本书平均以7.5万字计算，一年就可读20本书。奥斯特坚持每晚睡前读书15分钟，在半个多世纪的时间里，一共读了8235万字，约1098本书。

积少成多，家长可指导孩子每晚利用15分钟的时间，尽量阅读一些篇幅不太长的书籍，比如以下书籍：

（1）外国文学系列。如《小王子》《指环王》《雾都孤儿》《大卫科波菲尔》《意大利童话》《安徒生童话》《格林童话》《一千零一夜》等。

（2）故事读本类。如《科学家故事》《小学生课外精品系列》《语文大视野》《奇才故事》《阿凡提的故事》《中外侦探故事》《中外神童故事》《英雄们的故事》等。

（3）知识综合类。如《世界五千年》《上下五千年》《十万个为什么》《不知道的世界》《知识大全》《大自然》《宇宙探秘》《趣味百科》《见多识广》《机器的故事》等。

将大目标划分成小目标

一位美国心理学家做过这样一个试验：

他把一些缺乏耐心的孩子分成人数相等的A、B两组。然后要求A组的孩子用积木搭建一座一米多高的漂亮房子。孩子们非常喜欢这个游戏，全身心地投入进去，半个小时之后，不少孩子失去了兴趣转身跑开了，又过了半个小时，所有的孩子都跑得无影无踪。

而对于B组，心理学家在要求他们搭建房子之前，先问了孩子几个问题，包括他们准备花多长时间去打地基、垒墙壁和盖屋顶。B组的孩子商量了一下，他们认为，地基需要花费半个小时，墙壁需要花费一个小时，屋顶可能需要花费一个半小时。之后，他们也如A组的孩子一样积极地去搭建房子。与A组的孩子不同的是，B组没有放弃，他们用了三个半小时终于把房子搭建完毕。

因此，心理学家得出了这样的结论：把一项复杂的工作所耗费的时间分解成几小段，可以降低任务的难度，提高时间的利用率。

学习是一个化整为零、循序渐进的过程，并非一蹴而就的坦途。在此过程中，很多孩子容易颓废，觉得任务困难完不成，于是产生了焦虑心理，只好选择暂时逃避。明日复明日，一拖再拖，导致学习成绩一落再落。而当孩子把学习任务和目标化整为零后，心里的压力就会随之降低很多，每天能完成更多的任务。

具体来说，家长在指导孩子学习时，可以按照以下三个步骤对学习任务进行分解。

1. 指导孩子写出自己的学习目标

目标可以写得简单，但要包括孩子想做的一切。写的时候一定要包括以下几点：（1）学习目标的重点是什么；（2）为什么想做这些事情；（3）你打算怎样做到这些事情。写好之后，在最初几周每天看一次，以确保自己不会忘记。

学习目标：英语成绩提高20分。

制定原因：英语科目是弱科，严重影响了我的成绩。

如何实现目标：英语单词和阅读理解是弱项，我需要花时间来攻克这两个问题。

2. 花几个小时的时间定出小目标

从学习的大目标出发，找到自己要达到的小目标，可以写2~10个小目标。要花点时间从头到尾地看一遍这些目标，看看它们是否真的切合自己的实际学习情况。

英语单词目标：背诵已经学过的3个单元。

阅读理解：将习题集上的题目再做一遍。

3. 分配时间

把小目标分解成几个短期目标，然后再分解成每天、每周、每月可以执行的任务。这样处理过每个小目标之后，孩子就知道每天、每周、每月要做什么了。

英语单词每天的目标：背诵20个单词。

阅读理解：每天做3篇。

事实上，没有人能一步到位地将目标定好，所以，家长在指导孩子定出小目标后，还要用发展的眼光，结合孩子的实际学习情况，及时地调整、规划目标。在这个过程中，孩子每完成一个小目标，都会信心满满地进行下一个目标，直到目标完成。

山田本一成功的秘密

1984年，在东京国际马拉松邀请赛上，名不见经传的日本选手山田本一出人意料地夺得了世界冠军。当记者问他靠什么取胜时，他只

说了"用智慧战胜对手"这么一句话。当时许多人认为这纯属偶然，
山田本一在故弄玄虚。

两年后，在意大利国际马拉松邀请赛上，山田本一再次夺冠。记
者又请他谈经验，山田本一还是那句话："用智慧战胜对手。"许多人
对此困惑不解。

10年后，山田本一在自传中揭开了这个谜，他是这么说的："每
次比赛前，我都要乘车把比赛的路线仔细看一遍，并画下沿途比较醒
目的标志，比如第一个标志是银行，第二个标志是红房子……这样一
直画到赛程终点。比赛开始后，我以百米的速度奋力向第一个目标冲
去，等到达第一个目标后，我又以同样的速度向第二个目标冲去。40
多公里的赛程就被我分成这么8个小目标轻松地完成了。"

许多人做事之所以会半途而废，并不是因为困难大，而是认为距
离成功较远，正是这种心理上的因素导致了失败。把长距离分解成若
干个短距离段，逐一跨越它，就会轻松许多。而目标具体化可以让你
清楚当前该做什么，怎样能做得更好。

ABC分析法

很多孩子总是抱怨老师布置的作业太多，学习很吃力，花了时间却没有效果，因此厌倦学习。而那些热爱学习的孩子，则认为老师布置的作业其实并不多，每天放学之后，他们不仅可以很快地完成作业，还有很多时间做课外阅读或者进行娱乐。

产生这种差异的原因是：学习好的孩子，因为看书、做作业都很轻松，这样就有多余的时间去学习其他内容，从而取得更大的进步；而为学习苦恼的孩子，因为看书、做题都很痛苦，效率低下，每天连老师布置的作业都难以完成，更别说学习其他内容了，所以只能越来越痛苦。

我们把学习上的这种现象叫作"马太效应"，是指强者越强、弱者越弱的社会现象，即"凡有的，还要加给他叫他多余；没有的，连他所有的也要夺过来"。

那么，该如何解决学习时间上的这种"贫富差距"呢？

首先，我们需要明白，学习吃力的孩子往往比那些学习成绩优异的孩子在学习上付出的时间更多，所以再要求他们挤时间，延长学习时间是没用的，就像经济能力差的人单纯靠节约储蓄无法从根本上改变自己的经济状况一样。其次，我们需要明白，每个人一天都只有24个小时，再怎么挤也有限，但是时间利用的效率是可以成倍提高的。所以当我们在指导孩子管理时间时，首先要想到的不是让他们"抠"时间，而是该如何提高时间的利用率。

而对于受困于时间的这部分孩子来说，提高效率的第一步就是找出最重要的事，从手忙脚乱的学习状态中解脱出来。

对此，我们可以借鉴19世纪意大利著名的经济学家维弗雷多·帕累托的ABC分析法。它提倡将事情按照重要程度来进行分类排队，以抓住主要矛盾，分清重点与一般，从而将主要精力用于管理最重要的事件。具体步骤如下：

1. 列出要做的事情

指导孩子把一天中要做的事情逐一列出来。

2. 按照事情的重要程度标记

在那些孩子认为最重要的条目上标明A，在那些一般重要的条目上标明B，在那些最不重要的条目上标明C。比如孩子今天计划做五张试卷，语文、英语、数学、物理、化学各一张。因为物理是孩子的弱科，所以做物理试卷可以标为A，其他试卷结合实际情况标为B和C。

3. 确定时间分配

在孩子将清单上的所有条目的重要程度完全标记好后，指导孩子运用"二八法则"对每天的时间进行有效的分配，即把80%的时间分配给最重要的A级条目，把20%的时间分配给B级和C级条目。

确保自己一直在做最重要的事情，实际上也就是确保了自己的时间一直在被高效地利用。这就是ABC分析法的妙处所在。

有得必有失，有所不为方能有所为

一位高考状元在介绍自己的成功经验时说了这样一段话："有得必有失，有所不为方能有所为。要学会放弃那些看起来很有价值，但是超过自己能力范围的事。"

一道难题，总是让人忍不住想去挑战一下。如果你在做完试卷前面的题目之后，还有剩余的时间，当然值得去做一做，因为它可能会给你加分。但是，如果你连前面的基础题目做起来都感觉很困难，那么再做这样的难题无异于搬起石头砸自己的脚，不仅浪费了时间，还会让你无法顾及前面的那些本来可以得分的题目。因此，在平时的学习中，我们要多拿出时间来做一做与自己学力水平相符合的题目，少做一些难题、怪题，这样做不仅可以打牢基础，还可以让自己从解题中获得学习的自信心。

零散时间做什么

通常那些为学习成绩而苦恼的孩子，常常也会出现时间不够用的烦恼。因为他们觉得，要想把成绩赶上去，就必须拿出更多的时间去学习；在别人玩的时候，自己该多补习一下基础或者多做一些教辅材料上的习题。于是他们想着如何挤时间学习——压缩休息的时间，压缩吃饭的时间，压缩娱乐的时间，等等。然而，当他们把一切学习以外的时间都压缩到极致的时候，却突然发现自己依然没有太多的时间去学习，而且学习效果也不好。

针对上述现象，该如何解决呢？

以优异成绩被清华大学录取的葛冰同学在利用时间方面非常有经验，而他利用时间的秘诀就是利用好那些不起眼的零散时间。他在介绍自己的学习经验时说："刚上初一的时候，我曾强迫自己把一天的时间都用来复习功课，然后，一直埋头苦读，但是随着时间的流逝，我发现自己的注意力越来越不集中了，尤其是下午的学习，几乎没有学到任何知识。后来，我试着把要学习的知识写到纸条上，用零散的时间随时记一记，结果还真记住了。此外，我发现大块时间的学习容易使人感到疲劳，学习效率会受到一定的影响。而利用零散时间学习却能保持大脑的兴奋状态，效果极佳。所以，在学习上永远不要熬时间，不要折磨自己。该学习的时候学习，该休息的时候休息，如果觉得时间很紧张或者不够用，不妨多利用零散时间来分散学习。这就像军事上可以集中突击也可以分散包围敌军一样，都可以占领知识的堡垒。"

或许，很多孩子都认为那些零散的时间没什么用处，其实这些时间看似短暂，但集腋成裘，汇合在一起就会大有所为。我们先来算一笔账，假设孩子每天比别人多利用了30分钟，那么一周下来就是210分钟，一个月就是900分钟，一年就是10950分钟，也就是182.5个小时，按孩子每天不间断学习10个小时计算，就是整整半个多月的时间。所以，家长不妨按照下述方式教孩子利用这些不起眼的零散时间，减轻孩子的学习压力。

1. 处理学习中的杂事

用零星的时间来削铅笔、收拾书桌、整理学习资料，按第二天上课的课程，有次序地整理教科书、笔记本等。

2. 读短文或报刊

可以指导孩子利用零散时间阅读一些短文或自己感兴趣的报刊等，这样可以帮助孩子积累写作素材，开拓知识面。

3. 背诵诗词，记忆地名、年代和英语单词等

由于学习的内容和性质不同，整体时间和零星时间的用法也不同。一门较系统的、难度较大的学科，需要整体时间，而有些简单、零散的内容，诸如背诵诗词、记忆地名、年代和英文单词等，就应该多利用零星时间。

4. 讨论、求师

学习中不明白的问题或者自己积累的错题，利用零星时间去和同学讨论，向老师请教，也是充分节约时间的好办法。

5. 整理资料

学习总是离不开资料，例如书籍、剪报、期刊、学习摘录卡等。会学习的孩子善于利用零星时间整理资料，使学习变得更加有条理。

6. 记忆习题、公式

指导孩子将课本习题以及公式写到小纸条上，利用零散时间看一看，不失为一种利用时间的好方式。

7. 反思学习

家长指导孩子每天利用几分钟的零散时间反思自己在学习上哪些做得好，哪些做得不好，才能持续地改进，尤其是在一些重要考试之后，还要重点反思一下哪些科目要列入补弱的行列。

8. 总结

总结一下当天完成了什么任务，学到了什么，解决了哪些问题，还有哪些困惑没有解决，并反思一下当天在学习活动中的得与失。

时间统计法

亚历山大·亚历山德罗维奇·柳比歇夫是苏联的昆虫学专家、哲学家和数学家。他一生发表过70多部学术著作,内容涉及分散分析、生物分类学、昆虫学等。此外,他还写了著有12500张打字稿的论文,内容涵盖昆虫学、哲学、植保、农业遗传学等。除此之外,他还写过不少科学回忆录。单以作家的角度来看,这也是个庞大的数字。

他之所以取得如此巨大的成就,跟他惜时如金的好习惯是分不开的。他发明了一种"时间统计法"来保证时间的利用率。举例来说,他通过记录每个事件的时间花费,从而对一天的时间进行分析和总结:

附加工作:给斯拉瓦写信——2小时45分(0.5)。

社会工作:植物保护小组开会——2小时25分。

基本工作合计——6小时20分。

休息:给伊戈尔写信——10分。

《乌里杨诺斯克真理报》——10分。

列夫·托尔斯泰的《塞瓦斯托波尔纪事》——1小时25分。

在他的日记中,他详细记录了工作、休息、阅读等各项内容所花费的时间,而且具体到几小时几分钟,每月总结,每年总结。56年如一日,始终坚持记录。直到他去世,都未曾间断过。

柳比歇夫的时间记录法可取之处在于,他记录的是真正的工作时间和阅读时间,而非一般概念上的毛时间。比如,有人说"我要拿一小时的时间去阅读",可真正用于阅读的时间可能只有半个小时,其他时间都在聊天或者发呆中浪费了，而柳比歇夫的阅读时间是真正用在阅读上的时间。通过这样的记录方式，他能明白自己花在阅读或者工作上的时间到底有多少，从而反思时间利用的不合理之处，因此，他的实际工作和阅读的时间就比一般人多得多。

正是通过这样的"时间统计"，柳比歇夫赢得了比其他人多一倍的时间。

当天任务当天完成

王明明最近有点闷闷不乐。爸爸注意到他的情绪后，问他原因，他眉头一皱说："最近学习任务变多了，我很多时候并不能完成当天的学习任务，结果，今天的课还没有完全弄懂，明天的课又开始了，前后知识也联系不起来，我感到非常苦恼。"

爸爸除了口头鼓励王明明努力学习外，想不到更好的办法。其实，很多高考状元也遇到过此类情况，我们来看看他们是怎么解决的。

以优异成绩考入重点高中的何珊珊同学说："我以全校第一的成绩考入高中，初中时的优越感依然存在，高一时没把学习当回事，不知不觉中养成了做事拖拉的坏毛病。期中考试出乎意料的坏成绩惊醒了我，老师也找我谈话。从此我给自己定下了规矩——今日事今日毕，绝不把今天该完成的学习任务拖到第二天。之后，我完全按照自己的学习计划学习。上课注意听讲，跟紧老师的步伐。每天早上起床，对于今天上什么课，需要做什么习题，复习哪些内容都心里有数。每一

天的学习计划都按规定的时间完成，这样每一天的时间都不虚度。"

很多学习吃力的孩子并不能做到当天的学习任务当天完成，往往是今天推明天，明天推后天，导致问题越积越多。孩子要想提高学习效率，就必须认真贯彻"今日事今日毕"这句话。为了实现这一点，孩子该怎么做呢？

1. 做好知识点的整理工作

要想提高学习效率，使每天的学习活动有序地进行，就要对当天学到的知识进行整理。每天给自己安排一段时间，把当天的知识点整理后做成一个表格。按科目分类，标出重点、难点、疑点。对于自己学习中的难点、疑点，要集中精力通过查参考书或者问老师、同学的方式解决掉，这样，孩子的烦恼就会少很多，每天的学习效率也会提高不少。

2. 将学习计划细化并填入表格，做完一项画掉一项

在执行学习计划的时候，把完成的学习任务从表格中一一画掉，这样，孩子就会有一种"我做完了"的成就感。假如能够提前完成当天的学习任务，还可以让他们自己安排一些轻松的活动，比如听听音乐、做些运动等，作为对自己的奖励。

3. 找出浪费时间的因素

一位成功人士喜欢把自己浪费时间的因素表贴在办公室墙上。他说："我已经亲身体会到了'显而易见'这个词的含义。我仔细分析了一下，把我浪费时间的因素都一一列了出来，然后贴到办公桌上，慢慢地，当我深刻意识到时间不该如此浪费的时候，我再也不会将时间花在那些无意义的事情上了。"当我们在指导孩子提高效率的时候，不妨让他们列一列哪些因素阻碍了自己完成当天的学习任务，这样可以做到心里有数，避免长时间玩橡皮，或者做事拖沓等现象的发生。

当然，刚开始的时候，很多孩子会存在一定的惰性，他们常常会给自己找借口，说："我很累，很晚了，明天再做吧。"此时，家长要告诉孩子："不要让问题像滚雪球一样越滚越多，今天的问题今天解决，这样一直坚持下去，学习才会有进步。"

计划不能一成不变

相信我们都听过"刻舟求剑"这个故事，它讲的是有个楚国人坐船过江，在船行驶的途中，他的剑不小心掉到水里，他没有马上跳到水里捞剑，反而在船上刻了个记号，想在船停靠岸边时从记号处下去捞剑。这个故事暗示了世界上的事物总是在不断地发展变化的，人们想问题、办事情，都应当考虑到这种变化，适合这种变化的需要。办事刻板、拘泥而不知变通是不行的。

可在帮助孩子做学习计划的时候，很多家长却不小心犯了刻舟求剑的错误。一开学，孩子就兴冲冲地制订了一个学习计划，准备按照计划全面投入学习中去，每天做什么、复习什么，都一清二楚地列在上面，家长看了很高兴。可是，到期中了，孩子的学习并没有多大起色，家长检查孩子的学习计划时，也没有发现计划对孩子学习的辅助作用。其实，这样的计划大多是给家长看的，孩子缺乏一份贴合自身实际的计划。试想一下：每个月的学习中都会发生不少事情，只用一

份一成不变的计划，怎么能适应孩子的学习生活呢？

所以，家长在指导孩子制订学习计划的时候，首先要考虑的是结合自身情况，然后再根据学习进度做出相应的调整。切忌一份计划用一个学期，"以不变应万变"。这样的话，计划就起不到任何的督促作用，只会流于形式。此外，父母还可以鼓励孩子多与同学、老师交流，及时向他们请教学习方法，完善、调整自己的学习计划。

按照生物钟分配时间

我们知道，提高时间利用率的关键是效率，而效率的高低又跟人脑活动的规律有着密切的关系，即人脑在不同的时间内也会具有不同的效能。古今中外许多著名学者都注意在实践中体验自己的大脑活动规律，利用最佳时间段来读书和创作。比如，鲁迅白天会客看书，夜里挥笔写作，他认为自己的最佳效率时间是"星斗阑干""荒鸡阒寂"时；作家姚雪垠惯于凌晨3点早起读书和写作；法国作家福楼拜通宵写作；德国哲学家康德每天晚上10点睡觉，早晨5点起床读书和写作。

所以，帮孩子找到一天之中思维能力和活动能力最旺盛的时间，就相当于走提高效率的捷径。

那么，这样的时间段是在什么时候呢？我们不妨看看科学家的分类：

1. 清晨起床后

清晨，空气清新，大脑经过一夜的休息之后会达到最佳状态，此时，孩子的记忆力水平处于高峰期，所以在他们起床后，可以教孩子背诵一些难记忆或者需要记忆大量知识的科目。比如，家长可以让孩子在清晨起床洗漱完毕后，利用半小时大声朗读一些英语单词、句子，或者背诵课文、数学公式等。

刚开始，孩子还没有形成这样的朗读、背诵习惯之前，家长可以以身作则，跟孩子分享一些新闻，同时，也可以让孩子给家长朗读一段课文，背诵一下单词，营造良好的学习氛围。只要孩子养成这样的学习习惯，孩子主动学习的兴趣就会提高。

2. 8~10点

这段时间一般是孩子的在校时间，他们刚刚到学校开始准备上课，大脑很灵活，精力也很充沛，适合思考一些学习上的难题来开阔自己的思维。家长可以鼓励孩子利用这个时间段思考一些之前没有想明白的问题，或许可以得到正确答案。另外也要告诉孩子，在老师讲课的时候，一定要注意听讲，多思考一下老师所讲的重要知识点和问题。课间时间，对于老师上课所讲的内容或者自己不明白的知识点要及时向同学请教。

3. 9~11点

这段时间适合进行短期记忆。孩子可以利用这段时间记忆较短的学习资料，比如字、词、句、段或者数学公式等，这样就可以取得事半功倍的效果。

4. 15~16点

经过午休调整后，孩子精力比较充沛，此时记忆效果也会不错。

对于那些需要孩子背诵的课文，要让孩子大声地朗读，多读多背，以便保持大脑的兴奋。

5. 16~18点

16点之后到放学之前是大脑记忆的最佳时间段，可以告诉孩子利用这个时间段，课上多记一记笔记，整理一下练习题。

6. 18~20点

孩子吃完晚饭，休息片刻后，又重新进入紧张的学习中去，这个时间段大脑又开始恢复了活跃，反应较迅速，家长可以指导孩子利用这个时间段高效地完成学习任务，剩下的时间可以用来放松玩耍。

7. 入睡前一小时

孩子入睡前的一小时，大脑通常处于活跃期，还没有进入休息状态。睡前如果记忆一些内容，一般到第二天都会有印象，不会轻易忘记。所以家长可以让孩子利用这一小时把白天模糊的知识再加以复习，加深印象，巩固知识点。或者让孩子养成睡前看一会儿课外书籍的习惯，如果有空，还可以整理一下读后感。

当然，结合上述最佳时间段，家长还需要根据孩子本身的特点，为孩子量身定制属于自己的学习规划。只有这样，才会减轻孩子的学习负担，同时又能有效地提高孩子的学习成绩。

告别"周一综合征"

"周一综合征"并不是病，它是指孩子由于周末没有规律，过度放松，一时不能适应周一紧张学习的情况。比如，孩子上课犯困，不

能集中精力……

只要合理地安排周末的活动，做到学习与休息两不误，孩子就能有效地避免出现这种情况。

双休日作息时间计划表

7：30—8：00晨读：周六读英语，周日读语文。

8：00—8：30早餐。

周六上午：作业时间（保质保量地完成语文作业、数学作业、英语作业等）。

周六下午：自由活动时间（可以上网搜集一些资料或者做些有意义的活动，如做家务、阅读课外书籍、看一看有意义的电视节目等）。

周六晚上：复习一周以来学过的课程，查漏补缺。

周日上午：专门复习一些薄弱科目。

周日下午：休息。

周日晚上：做好明天的预习工作，阅读课外书籍，和父母聊天，看电视。

养成规律的作息习惯

在学习中，有这样一个效率公式：7+1>8。意思是说每天7小时的学习时间，外加1小时的娱乐时间，取得的效果要远远大于8小时不间断地学习。进一步说，就是劳逸结合，效率会更高。

但是，在平时的学习中，很多孩子存在这样的情况；有的孩子一边做作业一边与困倦做斗争，一到半夜，就精神抖擞睡不着觉，结果第二天一到上课时间就想睡；有的孩子则每天晚上开夜车，学到半夜两点，结果没过多久就身心疲惫了。

针对上述现象，有着15年教学经验的杨胜利老师说："学生要想提高学习成绩，最重要的是要提高学习效率，而不是打疲劳战；一味地加班加点，熬夜苦读。否则只能说明你学习效率很低，没有有效地利用好自己的时间。"

现就读于北京大学的赵志恒同学非常赞同杨胜利老师的看法，他结合自己的学习经验说："有的同学可能就是为了求得在学习时间上不

输给别人，一直在看书做题。大脑的效率是有限度的，与其低效率地学习，不如早点入睡，养好精神，第二天再去高效率地学习。如果晚上休息不好，第二天上课时犯困，晚上又熬夜来补，这样就会形成恶性循环。记着：你与别人不是在比时间，而是在比拼效率。"

其实，我们每个人都有一个生物钟，它在你的生活中不会轻易地改变，所以孩子一旦养成不规律的作息习惯，不仅学习吃力，而且还会进入一个利用时间的恶性循环，即付出的时间越多，成绩越差，长此以往，必然会对学习失去兴趣。所以教孩子及时地完成手头的学习任务，做到劳逸结合，养成有规律的作息习惯是非常有必要的。具体来说，家长可以指导孩子做好以下几点：

1. 利用好白天的时间

研究证明，白天学习一个小时，相当于晚上学习一个半小时。而夜间熬夜学习的最后两小时，远不如第二天白天学习二十分钟的效果好。因此，孩子一定要充分利用好白天的时间，能白天完成的学习任务尽量不要拖到晚上去做。

2. 每个学习时间段以不超过一小时为宜

一般来说，一个学习时段若是超过一小时，孩子的学习效率就会明显降低。因此，要指导孩子将学习时长控制在一小时以内。并且，孩子要依据当天学习的内容以及需要复习的功课来安排该时间段的学习内容。

3. 提前完成学习任务

比如本来计划9点完成作业，可以提前到8点45分，这样可以迫使孩子不得不集中精力地投入学习中去。

4. 把作息安排变成生活习惯

作息时间表可以很简单，但不可以每天改变，应努力让孩子把作息时间变成一种生活习惯，就和一天三顿饭一样自然，这样可以保证孩子稳定的学习。此外，对于那些执行力比较差的孩子，家长还可以将他们制订的作息时间表贴在墙上，监督他们严格执行。

做到按时休息不熬夜，从而使学习效率大大提高，这其实也是一种节省时间的高招。

找到浪费时间的原因

一般来说，导致时间浪费的原因有很多。结合下面造成时间损失的各大因素，帮助孩子找到自己的原因，将更有益于培养他们的时间观念。

1. 因做事拖沓造成的时间损失

我们可让孩子自问是否做过如下事情：

（1）是否喜欢早上赖床？

（2）早晨穿衣、起床用的时间是否过长？

（3）是否每天睡前没有准备好第二天的学习资料？

（4）学习时，是否喜欢玩橡皮或者发呆？

（5）是否因事先考虑不周，只好事后弥补，因而浪费了许多时间？

2. 由于行事混乱而引起的时间损失

我们可让孩子自问是否做过如下事情：

（1）是否同时做了许多难度较大的学习任务？

（2）是否故步自封，而不知灵活应对？

（3）做事情时，是否按照事情的轻重缓急去处理？

（4）为了避免连续的学习中断，是否经常在学习之前做简单的规划？

3. 由于娱乐活动而引起的时间损失

我们可让孩子自问是否做过如下事情：

（1）是否经常玩手机游戏？

（2）是否参与过其他的娱乐活动？

（3）是否经常出席一些毫无意义的聚会？

（4）是否因上网娱乐而浪费许多时间？

4. 由于阅读以及书写等引起的时间损失

我们可让孩子自问是否做过如下事情：

（1）能否做到跳读来获取重点？

（2）为了提高阅读的速度及理解力，是否加强自己的速读能力？

（3）读书笔记是否简洁？

（4）笔记是否因书写潦草而看不清？

（5）是否保存无用的记录？

第四章

陪孩子预习，让孩子越学越轻松

　　预习对于孩子来说是至关重要的。通过预习，孩子对下一次课要学习的内容就能做到胸有成竹，从而在听课时轻松地跟上老师的步伐。这样就可以变被动听课为主动听课，变盲目听课为有目标地听课，无疑会大大提升听课效果。而听课质量的提高又可以节省孩子课后复习和做作业的时间，从而腾出时间再进行下一次课的预习，形成良性循环。

课前预习有讲究

一个初三学生讲过这样一件事，他说："在上物理课时，老师讲到热功当量，用到了一个功的单位——焦耳，这个单位是初二时学的，由于我之前预习时，对这个知识点进行了复习，因此，听讲就很容易，不然，我可能听不懂这节新课了。"

我们知道，课堂教学有两个特点。一是学新知识要用到旧知识。每上一节课我们都会发现，新知识和旧知识之间有着千丝万缕的联系。如果在用到旧知识时，孩子出现了遗忘的情况，那这节课对他们来说只能是听天书，结果毫无收获。二是老师要面对全班同学讲课，只能按照一个速度进行讲解，在此过程中，孩子没有多余的时间再去翻书查看旧知识点。

课堂教学的这两个特点决定了孩子想要听好课，必须要做好预习。具体来说，家长可以指导孩子抓住以下几个关键点：

1. 全面阅读教材，在大脑中形成一个"知识轮廓"

预习时，孩子需从头到尾地把教材中这一节课的内容仔细读一遍，如果一遍无法理解，就要反复读几遍。有了这样的过程，就可以知道老师在课堂上要讲什么、采取什么方法、要解决什么问题、重要的知识点在哪里等，进而形成一个"知识轮廓"，更快地进入学习状态。在预习教材时，可以让孩子边阅读、边思考、边书写，把内容的重点画出来，把自己没有弄懂的地方记下来，第二天通过老师的讲课来解决。

2. 抓住教材里的重点和难点

孩子预习的直接目的是能在听课中提高效率。因此，在预习的时候，一定要让孩子认真领会教材内容，积极思考，并且指导孩子找到此节内容的重点和难点。如果有余力，还可以让孩子试着做一做课后习题。否则，学习只会变成一种囫囵吞枣式的低效劳动。

3. 适当地做预习笔记

为了提高孩子的理解力和记忆力，家长在要求孩子预习的时候，可以让他们适当地做一些预习笔记，主要包括对书中内容的理解、对问题的总结与思考等。笔记不追求多，但是要有针对性。有了这样的预习笔记，上课听讲时就能有的放矢。如果再结合课堂笔记，就会变成一份不错的学习资料，对孩子的学习来说大有益处。

4. 各科预习要把握大方向

就具体的课程来说，在预习文科的时候，以语文为例，可以让孩子先把课文通读两遍，结合字典读准字音，分清字形，给陌生的词语画线，联系上下文推测词意；概括出每一段的段意，弄明白文章的中心思想和表达的观点等。对于数学等理科的预习，除了要注意对书中的关键知识点进行预习外，还要注重前后知识点之间的联系。在预习时，一定要让孩子重温前一小节的内容，发现掌握得不好的地方要先复习，之后再预习新课。

激发孩子的预习兴趣

一般来说，孩子都能按照家长的要求完成读课文、画出生字这些最基本的预习要求。但为了激发孩子的学习兴趣，提高预习效果，家长不妨在预习前给孩子一点目标、一点探索空间。比如，在孩子预习课文之前，要求孩子预习完毕后解答几个与课文相关的问题，或是结合课文内容，指导孩子查询网络资料，进行课外延伸阅读等。再比如，指导孩子预习课文中的词语时，问一问孩子与该词语相关的同义词、反义词各是什么，利用此词语造句等。

另外，家长在指导孩子预习时，要把握一个度。比如，小学低年级学生的预习，不宜过多，不要深入学习课文内容的细节，否则会有反效果。因为，预习的过多过细，会出现这样的情况：老师讲课时，孩子会觉得"我都学过了"，从而失去听课兴趣。低年级小学生的功课并非难到不预习不能理解的程度，与其一直往前预习，不如多复习一下学过的内容。一般来说，低年级小学生以预习占二分，复习占八分的比例最理想。

做预习记录的方法

有的孩子在听课的过程中感到预习并没有起到多少效果。这是为什么呢？

主要原因是他们预习时只是用眼睛去看，很少动手记。这样，由于之前没有记录下问题，所以就没法提醒自己在某一个知识点上认真听，再加上缺乏思考，听课效率自然不高。

为了避免上述情况的发生，孩子在预习时就需要动手将不懂的问题记录下来。具体来说，家长可以从以下几个方面指导孩子记录。

1. 创造一套预习符号

将不懂的地方用记录符号标示出米，是最醒目的一种记录方式。创造一套自己能看懂的预习的符号，这样就能轻松抓住各种问题了。比如，"★"表示该段是难点内容，需要重点听；"＿"表示对此内容不是很明白；"×"表示对某个知识点完全不明白；"（ ）"表示某个词没有掌握；等等。或者，孩子也可以用不同颜色的笔来标注。比如红色代表疑难问题，黑色代表重点问题，用不同的颜色来表示不同的预习结果。但是，需要注意的一点是，不管用符号标记还是使用不同颜色的笔进行标记，主要都是起提醒的作用，所以，孩子无须费脑筋去创造很复杂、独特的预习符号，也不需要把预习当作"画画"的游戏，在书中乱涂乱画。

2. 在书的空白处简单记录

如果孩子预习时，发现有不明白的问题或者需要注意的知识点时，孩子还可以在课本的空白处简单地写几个字或者一句话，比如"重点""应用题给出的条件是？"提示自己上课时留心听老师的解答。

3. 准备一个疑问记录本

如果孩子针对预习的内容提出一系列"为什么"，那么无论是画符号还是写在书的空白处，这样的表达可能都不够清晰。此时，孩子还需准备一个疑难记录本，将这些疑问以及自己的所思所想清晰地记录下来。当然，记录的时候要注意留下一定的空白，以便于课堂上记录老师的讲解、问题的思路以及自己的总结。

最后，需要注意的一点是，如果课上老师并没有就孩子的有关疑问进行详细讲解的话，那么不妨鼓励孩子带上写好问题的本子请教老师，让老师专门针对这个问题给出更详细的解答。

钱钟书的阅读习惯

现代著名作家钱钟书酷爱读书，在清华大学上学时，就曾读遍清华图书馆中的所有书籍。他读书时有边读边圈点的习惯，每次看书，他都会用又黑又粗的铅笔在文章中标注。比如，他读《伦理学原理》一书时，逐字逐句地用毛笔加上了圈、点、单杠、双杠、三角、叉等符号。他还有一套乾隆十二年（1747）武英殿版线装《二十四史》，一共850册，每一册书中也同样有他圈点勾画的标记。

语文预习五步法

各门课程都有各自的规律和特点，所以预习方法也不尽相同。如果在预习时能根据各门课程的规律和特点进行预习，那么，预习效率将大大地提高。

以语文为例，语文课多是由一篇篇内容上不关联的文章组成，知识重点在于字、词、句、段落，以及文章的语法、主要内容和中心思想。因此，当孩子预习时，家长可以指导他们从语文的这些独有的特点出发，这样就能找到更加科学、高效的预习方式。

下面介绍下语文预习五步法。

第一步：默读

预习语文课文时，先整体默读一遍，了解课文的大概意思，即时间、地点、人物、环境以及说明的道理。在读的过程中，要用横线画出文中的生字、多音字、成语、歇后语以及不理解的词语，用波浪线画出不理解的句子、名人名句、唐诗句、宋词句、描写优美的句子。

第二步：查字典

在朗读的过程中，如果遇到了不认识的字、不理解的词，我们要鼓励孩子及时解决。如果书上没有注解，可以借助字典、词典、成语词典等工具书去查一查。查字词时，应该联系上下文的语境和意思去判断字词的准确含义。因为有些字词不只有一个意思，在不同的语境下，它代表的意思是不同的。尤其是在古文、诗词中，有些字所代表的意思也许会与现代的含义大相径庭。还有些字是多音字，当弄明白它在文章中的发音后，孩子也可以将它的其他读音标注出来，这也算是一种知识的积累。如果在查完字典、词典之后，孩子依然不明白某个字或词在句子、文中的意思，那就将其特别标记出来，上课时再认真听讲。

第三步：大声朗读三遍

第一遍，弄懂生字、生词和重点语句，把课文读通、读顺，用"☆"标出重点语段，用"？"标出疑问处。第二遍，从文章内容处着手，了解文章写的人、事、物、景和作者想表达的意思，并做到三个步骤：（1）用数字标出课文的自然段；（2）概括段意；（3）画出文中的重点句子，如"中心句""过渡句""总结句""修辞句"，以及表示"心理""动作"和"语言"的句子。第三遍，要注重文章体裁和写作手法等。

第四步：将预习内容摘抄在预习本上

摘抄生字、多音字，不理解的词语、优美词语、近义词、反义词、摘抄名人名句、唐诗、宋词、好句好段等，并按照下述格式进行记录。

我的语文预习笔记

（1）今天我预习课文的题目是《××》。

（2）把课文试读了一遍，读的时候：①我查字典学会的字有_____
_____；②通过读课文我认识的新词有_____；③查字
典联系上下文理解的词语有_____。

（3）再读课文：①课文中有许多优美的句子，我记下了_____
_____；②课文主要讲了_____；③读完课文后我的
感受是_____。

（4）读了这篇课文，我还有以下问题不明白：_____。

第五步：拓展

　　课后练习中的问题，都是与课文有关的，甚至有一些题目还会暗
示课文的重点内容。而且，语文课本的课后题中，还可能会有一些对
课文难点的提示或者一些发散性思考。所以，在孩子做完前面四步之
后，鼓励他们不要放过课后题，借助课后题打开自己的思路，以便更
好地理解课文的内容。

学语文要准备三个本

　　学习语文最重要的是一点一滴的积累，所以，在学习语文的过程
中，家长可以指导孩子准备三个笔记本，慢慢地积累知识。

1．知识本

知识本是用来积累语言和文学方面的基本知识的，可用于随堂笔记和个人整理。孩子可根据所学内容，从字音、字形、词语、标点、句法、修辞、文学常识、写作知识等方面入手进行积累，将零散的知识拧成一条绳，形成自己的语文知识体系。

2．杂记本

杂记本主要用来摘录课文中的妙词佳句和精彩段落。杂记本要经常携带，坚持摘录。此外，杂记本也可用于课外的一些摘录。比如，可广泛摘抄课外知识，如名人名言、精彩句段等，还可以写一写读后感、作品赏析等等。

3．随笔本

随笔本作为补充，可以用来记录丰富的写作素材以及经典句子。另外，孩子生活中积累的素材、所思所想或者读书时的感想也可以记录在随笔本上。

如果孩子能够常常留心，随时积累，语文水平一定能够提高。

有效预习数学的方法

以优异成绩升入重点高中的陈萍萍同学，中考时数学成绩考取了满分。而她能取得好成绩的法宝，就是她能进行有效的数学预习。

在介绍自己的学习经验时，她是这样说的：

"每次预习的时候，我都会先将上一节课讲过的内容大致看一看，巩固一下已经学过的知识，然后再按照书上的内容，将该节知识点看一遍。这时，我不会过度纠结于其中的某些问题，只是顺着课本的思路往下走。这样看下来一遍之后，我对新知识就有了一个大概的印象。然后，我会再细细地把新知识想一遍，在回想的过程中会发现很多问题，这时我也不会慌张，因为我明白数学的知识是连贯的，前后内容提到的公式、定理都很重要，所以我会根据以前学到的知识去思考，并再次将以前的公式、定理搬过来与新知识一起进行预习，直到完全弄明白为止。到第二天上课时，由于我已经提前将新旧知识进行了联系，所以无论老师怎么讲，我都能跟得上老师的思路，不会出现卡壳的现象，课堂效率非常高，知识也掌握得非常透彻。"

与语文每一篇文章都独立存在的特点不同，数学是一门连贯的学科，它的前后知识具有很强的连续性。虽然通读全篇，找找重点，这样的做法也是数学预习的一个重要组成部分，但却并不是数学预习的关键所在。预习数学也有其独到的方法，孩子只有找对了预习的重点，才能提高数学的预习效率。

1. 抓住课程中的概念

数学课程中会出现许多概念，比如数的概念、圆的概念、线段的概念等。不要小瞧了这些概念，它们都是数学课最基本的内容。一般来说，书上都会将概念用不同的字体标识出来，对于这些特殊字体的文字，要让孩子重视起来。

此外，数学的许多概念都会出现前后连接的情况。比如孩子在预习圆的面积时，家长可以让孩子复习一下面积的概念，让孩子回忆平行四边形、三角形、梯形面积的计算推导过程。之后让孩子动手画圆，把圆分成若干份，再让孩子拼成近似长方形或者平行四边形，让孩子研究长方形的长是什么，宽是什么，从而结合课本推导出圆的面积计算公式。

再比如，关于四边形的概念，孩子最早会接触到"什么是四边形"，随着不断地学习，又会开始学习平行四边形、梯形等等，而这些概念间显然是有联系的。家长要指导孩子将相似的概念都抄录下来，并回忆一下老师是如何讲解最初的概念的。而对于新的概念，可以让孩子结合已学过的概念进行深入思考，找到已学与未学概念之间的联系和区别。

2. 将公式、常数等记录下来

公式是数学课程中的基础内容，比如面积计算公式、周长计算公式等。孩子只有熟练掌握这些公式，才能解答出各式各样的数学题。所以，对于课本中的公式，孩子必须记熟、记牢，在预习时就要随手记录，加强记忆。除了公式，课本中的有些常数也需要记牢，比如圆周率就是计算中经常用到的一个数值，牢固掌握之后，孩子在解答关于圆的面积这样的计算题时就会容易很多。

3. 用课后练习来检验预习效果

很多孩子在预习时往往把预习简单地理解成看数学课本，于是预习时只是蜻蜓点水、走马观花，并没有取得实际效果。所以，为了促使孩子有目的地去预习，家长可以督促他们在预习后做一做课后题，结合题目巩固概念、公式。尝试练习，这是预习数学不可或缺的过程，可以检验孩子预习是否有效。如果能套用公式定理正确解答出问题，那么就表明预习是有效的，孩子听课时就会比较轻松；当然，如果解答不出来，孩子也无须气馁，只要第二天上课时，认真听老师讲解公式、定理的使用方法，也一定能最终掌握知识。

预习数学的简单步骤

例如，学习长方形和正方形前，孩子可以这样预习：

（1）阅读课本，把你认为重要的语句用直线画上，多读几遍，看看是否理解，把不懂的地方做上标记。

（2）按课本上的要求，找一找身边的正方形和长方形，利用长方形纸和正方形纸折一折、量一量、比一比，看看有什么发现，记下来。

（3）试着回答课本上提出的问题，会了就标上"√"，不会就标上"？"。

（4）课后练习"想想做做"你会吗？请试着做一做。

（5）再一次看书，说说这节重点学习的内容是什么，想想还有什么疑难之处，记下来。

英语预习四步骤

　　班里的数学课代表王铮同学是大家羡慕的对象，因为他的数学成绩一直拔尖，还得过市里举办的中学生数学比赛一等奖。但王铮学习中有个弱科——英语。以预习为例，他在预习数学方面有一套高效的预习方式，但你要是问他预习英语了吗，他肯定会无奈地摇摇头。其实很多孩子都像王铮一样不喜欢预习英语，他们觉得英语太难了，不知道该如何预习。

　　那么，该如何指导孩子预习英语，提高孩子的学习兴趣呢？

　　1. **整体把握课文，注重生词和语法**

　　孩子预习英语时，不应只局限于记忆新单词。英语预习应包括记单词和读课文。

　　（1）记单词。在孩子预习新课文前，应借助听力设备先认读单词，记住词性和词义。然后让孩子把学到的单词讲给家长听。

　　（2）读课文。读课文分为朗读和默读两种。朗读时可结合录音，尽量让孩子保持声音响亮，提示孩子要注意读准语音、语调；默读时，速度不可太快，提醒孩子重点理解词义和句子。通过读课文，要求孩子用不同的符号标记生词、语法、重点语段等，对于不理解的地方，要通过查字典来解决，或者做好疑难笔记，上课时请老师来解答。

2. 听录音，对课文内容有整体的感知

预习时，在孩子读过课文后可听一两遍录音，然后指导他们模仿跟读，这样既可以提高英语听力，又可以培养良好的语音、语调，一举两得。

在孩子听的过程中，家长可就孩子的预习内容设计一下，比如当孩子预习《牛津小学英语》（3A）Unit2 Let's make a fruit salad 时，家长可以先让孩子听一听录音，了解内容，然后让孩子动手做一做水果沙拉，明确需要什么、怎么做。这样的预习形式能引起孩子的兴趣，对新知识的学习自然有积极的促进作用。

另外，孩子在模仿跟读的时候遇到精彩的段落，可以配合一定的动作进行朗读。另外，也可以边听录音边给自己设计一些问题来回答，看看能否对课文有进一步理解。

3. 翻译课文

朗读课文后，指导孩子将课文逐句逐段译成汉语，不会译的句子用波浪线画出来，以便课上听老师讲解。之后，再从头到尾把课文读一遍。此时，家长可结合课文与孩子表演一下书中的内容，或者借助多媒体设备给孩子讲解一下与课文有关的内容。

4. 对预习进行检测

一般来说，课本后面都有基础练习，孩子可以结合课后习题检验一下自己到底预习得怎么样。对于拿不准的习题要做标记，带着问题听讲。

英语课前预习是学习的一个重要环节。通过预习，孩子可以更好地把握重点、难点，进一步融入英语课堂的学习氛围，提高学习英语的兴趣。

预习应该注意的三个问题

课前预习需要注意以下三个问题：

1. 防止过粗或过细

防止过粗就是防止走马观花，流于形式；防止过细就是防止在预习时面面俱到，费时太多，筋疲力尽，这反而会影响听课效果。预习不一定要把全部知识都搞懂。预习时都看懂了固然很好，不懂的地方标记好，课堂听课时作为重点就可以了。

2. 防止各科一并用力

实践证明，每科占用相同的时间来预习并不是明智的选择。学得不错的学科就可以用较少的时间来预习，要把大部分时间放在自己的薄弱学科上。

3. 防止用预习代替上课

如果认为自己预习了，已经弄懂了，在听课时精力不集中，忽视了听课这一环节，那就因小失大了。预习毕竟是起辅助作用的，是为课堂听课服务的，这二者之间的关系应该明确。

第五章

掌握正确的复习方式，让孩子的学习更上一层楼

通过复习，可以让遗忘的知识得到补拾，零散的知识变得系统，薄弱的知识有所强化，生疏的技能得到训练。简而言之，复习是知识与能力的再次储备。

复习要注重弱科

我们知道，孩子从130分增加到140分与从80分增加到100分相比要难得多，因为考试存在一部分难题，孩子在复习好基础知识和解题技能的基础上很难再拔高，而后者可能因为基础知识都没有掌握，所以提分要更快一些。因此，在复习时，指导孩子向弱科要分数，是最有效的途径。

对于弱科，有的孩子认为自己天赋较差、从小不感兴趣、基础一直很差，有的则认为自己听不懂老师讲的内容，感到乏味、难学。其实每个人的成功和能力都是经过努力得到的，家长在帮助孩子分析失败的原因后，要指导他们踏踏实实，一点一滴地复习，这样知识就能通过量的不断累积，最终达到质的融会贯通。

那么，孩子该如何着手弱科的复习呢？

1. 在不擅长的学科上花更多的时间

弱科一般是孩子不擅长的科目，因此，一提起弱科，孩子往往会出于畏难情绪而提不起精神，花在弱科上的精力也少之又少。正因为如此，弱科成绩越来越差，学习也随之进入了恶性循环。因此，为了提高复习效率，在时间的分配方面，孩子需要在弱科上付出更多的时间和精力。正确的做法是，刚开始可以循序渐进，比如，每天都比昨天多花半个小时的时间复习弱科，这种方式可以避免孩子出现一开始花费大量时间却没有取得进步，最后感到疲惫想放弃的情况。另外，孩子在复习时也可以将弱科穿插在其他优势科目之间进行复习，以优带劣，多次重复，这种方法也非常有效。

2. 打牢基础知识

孩子在复习弱科时，不能仅仅满足"我理解这个知识点了"，而是要将知识点熟烂于心，不仅知其然，还要知其所以然。比如，孩子在复习数学时，不仅要将定理、公式等最基础的知识理解透彻，还需要做题做到熟练，看看其在计算中的具体应用，只有做到这一点，补习弱科才不会沦为纸上谈兵。

3. 巩固薄弱环节

孩子虽然存在弱科，但是稍加分析就会发现，虽然对于弱科中的许多内容，他们大多都是一头雾水，但也有不少内容他们能做到略知一二。因此，孩子在复习弱科时，家长可以问一问孩子，弱科中有些知识已经掌握了，没有掌握的有哪些。从弱科中最不会的知识点入手，可以起到事半功倍的复习效果。

4. 用笔来帮助记忆

要想提高弱科成绩，不能仅仅翻书浏览查看，还需要多动笔记一记。比如写一写单词，做一做练习题。当孩子掌握的知识点越来越多时，就会产生成就感，提高对弱科的复习兴趣。

5. 注重改正错误

每一个错误代表了自己学习中的缺陷，因此，孩子在补习弱科时，就要多在减少错误方面努力。比如，孩子在读完课本内容后，可以搭配相关练习题，检测一下自己是否真正掌握了知识点。如果发现题目做错了，就要结合答案，分析一下出错的原因，是对知识理解有误，还是知识掌握得不熟练，只有这样，才能提高对知识点的理解。

此外，我们还可以鼓励孩子找几个同学开展补弱科的竞赛，形成一个比着看、赛着干、取长补短、相互促进，共同提高弱科的氛围，以此来激发学习兴趣。

321式复习法

湖南省优秀数学教师王大力就曾经提出过321式复习法，即"三看、二做、一录入"。他说这种方式可以保证我们有条不紊地开展复习任务，达到高效利用复习时间的目的。

1. 三看

（1）看书。打开书本，先重点翻看目录，根据目录回忆，想一想每一章节讲了哪些概念、性质、法则和公式，遇到卡壳的地方再翻书查看课本正文中相关的内容。

（2）看笔记。对照课堂笔记，想一想老师课堂讲了哪些内容，现在是否能够全部掌握，遗忘的知识点有哪些，是否可以通过问老师、同学等弄明白。这可以帮助孩子进一步掌握疑难点，加深理解和记忆。

（3）看错题集。之前孩子已经准备好了一个收录作业、试卷错题的错题集，这时千万不要忘了它。总复习时再拿出来看看，就可以收到不小的效果。在看的过程中，问问自己有没有掌握正确的解题方法，并且对于那些常见的错误要注意总结、归纳，以时刻提醒自己"错了一次就不要再错第二次"。

2．二做

（1）做总结笔记。在看过课本、笔记以及错题之后，我们还要及时地做一做总结笔记，记录下自己在复习过程中的心得体会或者疑难问题等。

（2）做练习题。每做完一道练习题，孩子都要思考练习题考察的知识点，自己再做一次是否还能做对，理解解题思路以及运用的概念和定理等，这样，才能举一反三，提高做题效果。

3．一录入

将此次复习过程中出现的错题以及掌握不牢固的知识点再次整合到错题集或者笔记本中，并且要经常翻看、记忆，做到查漏补缺。

复习教材的三个要点

很多孩子看到课本就感到头疼，总觉得好像只有做题才是真正的复习。其实不然，课本是一切知识的载体，一切考题的根本。在孩子遨游题海的时候，课本就仿佛罗盘一样，能起到确定方向的作用，其重要性不言而喻。所以，在孩子复习时，指导他们利用好课本，是做好复习工作的关键一环。

文科状元罗诗雨在总结自己的学习经验时，这样说："错题笔记、课堂笔记等都是复习时要用到的资料，但是其中教材是根本。考试的基本原理、基本知识、基本概念都以教材为蓝本，所以打好基础尤为重要。基础不牢，地动山摇。我在复习时先温习一遍教材，对照笔记将所学的主要内容过一遍，并结合课本上的思考练习题，总结应重点掌握哪些内容，哪些已经理解了，哪些还需进一步巩固。这样做，可以强化对知识的理解，使记忆的内容更有条理。"

那么，孩子该如何围绕教材、对照笔记、做课本练习题来进行复习呢？

1. 整体复习法

这种复习方式要求孩子在复习时仔细阅读课本中的重点内容，直到牢记于心。教材内容是最基础也是最重要的内容，考试以课本基础知识为依托，因此孩子必须认真对待，进一步打牢基础，加深对基础的把握和理解。

复习时要注意两点：

（1）阅读时要把握节奏。对书中已经熟烂于心的知识点，可以少花一点时间；而对于那些易混淆、没有掌握牢固或者课本中的难点问题，则要多花一些时间进行记忆和练习。

（2）阅读时要注意承上启下的知识。比如每章的引言部分，既总结了上一章的内容，又引出了下一章的学习内容，对于这部分内容也要注意，以便整体把握课本知识。

2. 重点复习法

复习课本不能局限于简单的重复翻阅，而是要在阅读完毕后，对教材上的知识点进行概括和总结，尤其是难点，一定要梳理清楚。比如，课文中的文言文、古诗、要求背诵的段落，数学中的概念、公式、定理，英语中的单词、句子、语法等，一定要了然于胸。

3. 做题复习法

习题是基础知识的试金石，在复习的过程中，孩子可以通过做题来看看自己的基础知识是否掌握得牢固，对于理解不到位的地方，再翻书查看，做一做相关类型题，直到将这部分内容弄懂。

利用书签复习

在利用书签复习之前，孩子需要事先准备好四个标签。

第一个书签是"排头兵"，在进行首次复习时，孩子阅读完当页内容后，可将总结的知识点记录在该页的空白处。然后根据这些知识点，合上书进行自问自答，能回答出来的，就算通过，没有回答出来的或者回答得不全面的，需再打开书认真读一遍，直到合上书也能开口准确、完整地表达出来。

第二个书签的任务，是要再次"扫描"第一个书签扫过的内容，在使用第二个书签时，一定要先看第一遍学习时所列出的知识点，无须再看原文。对于所列的知识点，再次进行尝试回忆，直到所有知识点在合上书之后都能准确无误地用自己的语言说出来，若不能，则需找出原因，并在相应的问题上标记"※"。

一周后，可使用第三个书签。在使用第三个书签时，为了能更好地吸收课本中的知识，可以采用编写提纲的方式进行，比如数学中的图形部分就可整理为圆形、长方形、正方形等内容。

一个月后使用第四个书签，用于复习和检查之前学过的内容。一般来说，经过前面三个书签的复习，孩子对于课本中的绝大部分内容已经熟练掌握了。如果经过这么长的时间后，还有遗忘的内容，则要查漏补缺，结合练习题，将这些疑难问题解决。

专题复习法

专题复习法就是把一类的相关问题集中起来，当作一个专题，用专门的时间，把这个专题的内容吃透，理清知识的复习方式。

以优异成绩被清华大学录取的陈敏同学，在介绍自己的学习经验时说："万变不离其宗。一道题目，即使只把它的一些数值改变，它也成了另外一道题，更不要说一些技巧性的变换。从这个意义上说，专题复习也就是通过对有限的同类问题的解答分析，找到题目后面不变的'宗'。真正掌握了它，你就可以同样轻松地将新问题解决掉。

"当然，老师带领我们进行的也是专题复习。通过对相关知识点的集中练习，促使我们理解基础理论，熟练解题过程。但是，对某些人来说，这个过程并不完美。考试的时候，做错的一些问题还是不懂，另一些问题懂一点儿，但还有疑问。我们每个人在学习的时候，对知识的吸收能力都不同，这种复习针对性较差，没有专虑到我们在学习中的差异性。而我们的专题复习，是针对我们自己，针对我们不明白的问题，对我们学习能力的提高具有很强的针对性。"

那么，孩子该如何利用专题复习法进行复习呢？具体来说，应该从以下三个方面入手。

1. 找出属于自己的专题

只要孩子在平时的练习中，主动去发现自己的疑惑，那么"专题"就会慢慢地浮现出来。比如，那种孩子做错了两次的同类型题目，一般就是孩子的知识遗漏点。确定后，下一步就是集中各种练习题从分析、计算和总结入手，把这一类题目弄会。另外一种寻找专题的方式是，指导孩子把从前的试卷拿出来，做错了的，只要不是马虎而错的地方，都可以列为专题中的题目，需要再次认真思考、解答。

2. 打乱课本，把书中的知识分割成一个一个的点

孩子在复习时可以先把课本中的章节要点总结出来，并牢固掌握。比如学习数学图形时，可按照图形分类、各分类的周长计算公式、面积计算公式等进行划分，作为专门的知识点。

3. 提取小专题

以历史为例，孩子在复习时，可把第一次鸦片战争、第二次鸦片战争、中法战争、甲午战争、八国联军侵华战争用图表形式梳理成近代侵华小专题，把李自成起义、太平天国运动、义和团运动等内容整理成农民战争小专题。用小专题形式复习历史，可以以一带多，将知识点穿成串，方便孩子记忆，等考试答题时各个知识点也就信手拈来了。

巧妙、系统地利用专题来进行复习，不仅可以提升孩子对学习的兴趣，而且也会令他们越学越有信心。

顺读逆思巧复习

抛开中规中矩的复习方式，还有很多方式是值得孩子借鉴的，比如一学就会的"顺读逆思"复习法，它颠覆了传统的复习方式，利于开阔孩子的思维，提高复习效率。具体来说，要掌握下述步骤：

1．逆思

也就是说复习时由后及前，从课本的尾部往头部翻书复习，边看边思考，回忆一下教材的内容，将不明白的地方详细地记录在纸上。

2．顺读

顾名思义，即从头到尾地按照教材的编写顺序进行阅读。在阅读的过程中，孩子要抓住课本的目录、书中提要、标题和课后小结等教材"骨架"部分，之后再根据"骨架"对整体内容进行回顾反思，寻找知识与知识之间的内在联系，实现知识的纲举目张。

3．反复

"顺读"和"逆思"要多次反复地进行，对过程中的疑难问题要及时通过请教老师或者查找资料进行解决。两种方式相结合，既有利于孩子掌握课本的整体，又方便孩子灵活地查找自己的知识缺陷，从而提高整体复习效率。

把工具书当作复习提纲

　　工具书包括汉语字典、英语词典、百科全书、地图册、光盘以及知识手册等。如果利用得好，这些工具书就能成为孩子学习的好帮手。

　　中考以优异成绩考入重点高中的翟娅同学说："初中时除了小学已有的语、数、外等功课外，同时又多出理、化、生、史、地、政等功课，真是记不过来。"后来，她看到有的同学买了一些"手册"类的工具书，就也去买了一本，发现用"手册"来帮助自己复习很不错。因为"手册"已将最基本的知识帮你总结好了。

　　比如她买的一本《初中数学知识手册》中，代数部分的"第一章实数"就将有关"实数"的基本知识都列举了出来。

　　第一章　实数

　　第一节　有理数的意义

　　一、知识网络

二、新课标、新大纲解读

1. 有理数

2. 数轴

3. 相反数

……

三、重点、难点、考点、易错点

……

四、应用规律

……

五、名题剖析

……

六、相关知识链接

……

这本数学知识手册涵盖了数学课本中每章的基本知识点、重点、难点、考点等，如果孩子把它作为复习提纲来进行复习，是不是就方便多了？

不过，翟娅同学在学习一段时间后，又发现了一个问题，就是知识手册并不能完全满足自己的要求。有的地方太细致，有的地方又太粗略，这就需要对"手册"进行适当的修订，以满足自己的复习要求。

1. 将《知识手册》与教材联系起来

尽量把《知识手册》与所学的课本内容联系起来，因为《知识手

册》只是起到辅助作用，课本才是根本。事实上，孩子不过是在利用
《知识手册》这个工具书上归纳好的知识体系来复习课本上的内容，所
以不妨将课本上的一些重点内容补充到知识手册之中。当然，不一定要
全抄录上去，只需抄录自己认为比较重要的，或自己感觉学得比较薄弱
的地方。

2. 将《知识手册》与考卷联系起来

在孩子平时的考卷当中，有些题目是需要重点掌握的知识点，
所以不妨指导他们把考试卷中的精华部分收录到《知识手册》系统当
中，以便能在复习时随时回顾记忆。

3. 将《知识手册》与其他参考书联系起来

在利用《知识手册》的过程中，孩子不仅可以将它与课本、练习
册、考卷等联系起来，还可以与其他参考资料相联系。只要是好的材
料，就都可以收录进去，互相取长补短。最终的目的只有一个，就是
帮助他们更好、更有效地复习，提高学习效率。

总而言之，翟娅同学这样利用工具书作为复习提纲的学习方法很
实用，真正地发挥了工具书应有的作用，家长在指导孩子复习时，不
妨也尝试一下这种学习方法。

"五个一"周末复习法进行复习

知识是很容易被遗忘的。如果孩子在学完之后不回过头去看一看所
学的知识点，那么无异于狗熊掰玉米。所以，在一周的功课结束后，为
了避免遗忘，家长可以指导孩子采用"五个一"周末复习法进行复习。

1. 温习一遍教材

周末在家，指导孩子将一周所学的知识结合提纲重新温习一遍，做一做课后练习题，分析一下自己的学习情况，哪些内容已经掌握了，哪些内容还有所欠缺等。

2. 对照一次笔记

对照课堂笔记回忆一下老师一周中讲的重点内容，与自己的理解是否存在偏差，笔记中还不太懂的内容有哪些，标记出来并寻求答案。这样，可进一步把握重点，加深对知识的理解。

3. 检查一遍作业

把一周的作业再看一看，尤其是老师的批语和建议。挑出作业中的基础题、能力训练题、难题等，再做一次错题，并保证结果正确。

4. 记录一些材料

通过前面的环节，孩子已经明确了自己在学习方面的缺陷，此时，准备一个专门的记录本，将这一周复习中遇到的重点、难点、错题和原因等记录下来，为以后的复习做好准备。

5. 总结一下方法

周末复习完毕后，孩子还需认真总结一周以来各科的学习方法，回顾一下自己在课堂上是否认真听讲了，作业是否认真完成了，错题有没有整理到错题本中。对于好的方法，要继续坚持；对于不好的地方，则需改正。

不能不说的"题海战术"

不少孩子都有这样一种想法：复习时应该大量做题，最好能把所有的试题一网打尽，这样考试就可以立于不败之地。其实这样的想法是不现实的。复习时浸泡在题海里，不等于完全掌握了知识，具备了解题能力。因为题目都具有一定的灵活性，只有真正掌握了知识，才能取得好成绩。因此，对于那些深陷"题海战术"不能自拔的孩子来说，家长要让他们记住一句话：题贵精而不在多，没有质量，做再多的题也没有用。

以优异成绩考入北大的杨鑫同学在介绍自己的学习经验时，提到了自己对做题的感悟："我觉得做题一定要处理好'三个关系'。（1）处理好书本知识与课外题的关系。解题的目的，是为了加深对理论知识的理解，培养运用知识、解决实际问题的能力。因此，在做大量课外题之前，必须把书本上的理论学好，把其中的基本概念和基本原理搞清楚。（2）处理好基础题与难题的关系。有的同学总喜欢去钻难题、偏题，认为把这些题攻下，其他的题就会迎刃而解。其实，只有通过做一定数目的基础题，熟悉了定义、定理、公式，掌握了解题的基本方法才能做好难题。（3）要处理好'详'与'略'的关系。做题应分轻重，有详有略。对于基础题、典型题要详做，从格式到步骤严格要求，以达到熟练、准确计算的目的。而且，还要总结做题的经验，从中找出规律，训练基本功。对于难题，可以采取略做的办法，即重点寻求解法，分析归纳题目类型，演算过程可以略去。习题完成之后，一定要耐心地再思考一遍，想一想做这道题用了哪些概念、原理、公式，这道题有什么特点，是否还有其他解题方法等。这样才能把学过的知识融会贯通，达到系统掌握、触类旁通和举一反三的目的。"

那除了杨鑫同学所讲的要处理好"三个关系"外，孩子还需要注意以下两点，才能告别"题海战术"，形成良好的做题习惯。

1. 精选精做题目

精选指结合自己实际的学习情况，从众多习题册中选择一两本适合自己的，并认真做完。精做是指认真、仔细地将习题集研究透彻，用心总结每一道习题的解法，了解练习册所体现的知识体系，找到自己学习中没有掌握的知识点，查漏补缺，不断完善。

2. 做题中善于总结规律

很多中、高考状元之所以取得好成绩并不是因为做了比一般同学多的题目而是他们更善于总结解题思路、解题方法和解题技巧，并能做适当的延伸。要做好这一点，孩子就需要做到"埋下头去做题，抬

起头来想题，花时间把题目当成一个问题去认真思考，从而找出这类
题目的解题规律"。

课后要及时复习

孩子学完一节课后，及时地进行总结和复习可以使知识得到进一步
强化，还可以起到查漏补缺的作用。课后小结一般可以从以下几个方面
去进行。

1. 回顾课堂内容

回想一下课堂主要讲了哪些内容，老师是如何引入一个概念或例
题的，对于知识点老师又是如何分析和总结的，课堂上自己的表现如
何，有没有认真思考、举手回答老师的问题，自己还对哪些知识点存
在疑问。

2. 领会老师的讲课思路

回顾的过程中重点想一想老师的解题思路，用到了哪些公式来解
答题目，提醒大家特别注意的地方有哪些，老师具体的思维过程是怎
样的。

3. 概括课堂要点

用自己的语言概括出该节课的知识点，做一做课后题，或者查阅
一下课外资料，丰富课堂内容，使知识融会贯通。

指导孩子做好作业，让学习进入良性循环

作业是课上学习内容的有效延伸，是对课堂学习的巩固和深化，是孩子课外学习的重要方式。对孩子来说，通过做作业，他们可以及时巩固所学的知识，了解自己的学习情况，作业中遇到不懂的地方，可以及时请教家长或老师，从而提高学习效果。

复习后再写作业

在生活中，我们不难发现，很多孩子回到家后就着急打开书包写作业，可写一会儿后就意识到自己做作业困难重重，甚至很多看似简单的题目解答起来也无从下手，最后干脆把作业一扔，放弃了。

为什么会出现这种情况呢？一方面是因为，从课堂上老师讲课到孩子回家写作业已经过去了一段时间，其间难免会发生遗忘的情况；另一方面则是因为，老师在课堂上讲的内容大都是重点的、关键的知识点，有时也会忽略掉一些细节，而这些细节可能正是孩子没有掌握的地方。

所以我们就不难理解为什么很多孩子在课堂上理解了题目，可一回到家里就出现遗忘的情况。这时，家长告诉孩子在写作业之前，看一遍教材，把老师讲过的内容再回顾一遍，就能全面把握知识点，提高做作业的效率。具体来说，可以从以下三个方面着手。

1. 熟练掌握公式和例题

老师讲的例题大都是典型的题目，常常也是考试的重点，孩子把这些题目都弄会了，不仅写作业很容易，应对考试也会绰绰有余。所以，孩子不妨把老师上课讲过的典型例题再做一遍，做的时候要注重每一个步骤，并且想一想：解答例题时用了哪些方法？解题思路是什么？突破口在什么地方？除了要弄懂例题之外，还要把当天学到的公式、定理记牢。在记的时候可以想一想：这些公式、定理是怎样得出来的？相互间的关系是什么？等将这些问题全部弄清楚后再去做作业，就能准确快速地完成作业。

2. 把握字词句和课文

在每次做作业之前，孩子一定要抽出时间再仔细地阅读当天学过的课文，对于课文中出现的生字、生词等，一定要结合字典弄懂记熟；对于课文涉及的作者简介、主题思想的概括方法、文章的写作方法等等，也要有一个清晰的认识；对于要求背诵的课文，一定要当天完成。如果有时间的话，可以做一些应用文、短文的训练，因为语文更注重在日常生活中积累和训练。

3. 在理解的基础上注重分析力

复习的过程中，在引导孩子把教材吃透的基础上，一定要抓住重点。比如历史课中的关键事件，孩子要记熟、记牢。除此之外，可再做一些有针对性的分析。在现在的考试中，对文科的考查已经超越了简单的知识记忆的范畴，能够对历史事件、社会问题进行分析，阐述自己的看法，才是孩子学习的最终目的。所以，在平时，家长除了要

督促孩子完成对关键知识的记忆之外，还要有意识地培养他们综合分析的能力。

"磨刀不误砍柴工"，孩子在做作业之前复习一下，把该掌握的知识都掌握了，做作业时就不会频繁地翻书，速度自然会提高。另外，掌握了知识再做作业，孩子的思路会更加清晰、活跃，对于知识的理解运用也会更加娴熟，做起作业来自然又快又好。

将知识织成网

孩子在日常的学习生活中，可能每天用于复习的时间并不多，所以，不妨指导他们利用周末的一小段时间复习一下之前学过的知识点。将知识点织成一张大网，这样就可以随取随用。具体来说，孩子可以这样做：

1. 补充精彩解说

复习一篇课文之后，可以上网搜索一下其他读者对这本书的精彩解说，将这些解说下载下来，或者选择一些精彩的解说，记在书籍的天头、地脚或者笔记本中，以便加深理解。

2. 列出知识提纲

以数学为例，可以按照下述格式列提纲。

第×章第×小节

小标题：

例题：

定理：

公式：

练习题：

错题：

将知识点构建成一个网络，需要孩子不断地对知识进行归纳、总结，按照上述方式试一试，相信他们一定可以收到良好的学习效果！

做作业的步骤

爱玩是孩子的天性，没有一个孩子是天生喜欢做作业的。所以，有时候家长的严厉督促反而会让孩子厌倦做作业。他们嘴上不说，却悄悄地背后反抗，做起作业来心不在焉、磨磨蹭蹭，家长看在眼里，急在心里，亲子关系也变得愈加紧张。

为了避免出现这种情况，家长在辅导孩子做作业时，首先需要摆正自己的心态，尽量不要催促孩子，同时尽可能地观察孩子的需求，当他们确实遇到难题时，不妨在旁边指点一下，帮助孩子解决难题。除此之外，家长在指导孩子做作业时，还需要按照一定的步骤有条不紊地进行，一般来说，分为以下四步：

1. 准备

在复习的基础上，家长可要求孩子先浏览一下作业内容，提前准备好要用到的资料和文具，孩子觉得有困难的题目，家长可以指导孩子再回顾一下课本内容，找到突破点。先准备再动笔有助于孩子对作业题形成完整清晰的认识，削减孩子的畏难情绪。

2. 审题

审好题目是孩子正确地解答出问题的关键，因此，孩子必须学会仔细审题。审题时，要求孩子多读几遍题目，注意把整个题目的含义连贯起来，弄明白题目的已知条件和未知条件。其次，要注意题目中的特定语言，避免混淆。比如，题目中说"减少了"与"减少到"是完全不同的意思，要仔细辨别，以免因理解错误而做错题。

3. 做题

在孩子审好题之后，家长可以让他们把解题思路表达出来，比如，在解答数学应用题的时候，可以将已知条件和所求结果列在草稿纸上，帮自己理清思路。在审好题的基础上，要求孩子自己动手动脑独立地完成作业，不能借助网络或者课外书。当孩子遇到难题时，家长不要急于给出答案，而要鼓励孩子多想想，如果孩子经过长时间的思考仍然无法解答，家长可以适当点拨。

4. 归纳提高

做完作业后，家长可以引导孩子思考一题多解或一题多想。比如，孩子可以问一问自己以下几个问题：

（1）此题还有没有多种解法，哪种解法更加简洁？

（2）这道题目主要考察的知识点是什么？条件和问题能不能互换？

（3）这道题目在知识上可归于哪一类？

（4）类似的解题思路有哪些？共性是什么？

通过这样的思考和归纳后，孩子做一道题相当于做了一类题目，学习效率会得到更大的提高。

最后需要注意的一点是，有些孩子做作业的顺序非常混乱，比如在第一道题目中刚写了一部分答案，就开始做第五道题，过了一会儿又在第二道题目上写几个字。这样"跑来跑去"，不仅耽误了很多时间，还可能漏下不少作业。所以家长在指导孩子做作业时，一定要按照一定的顺序，可以按照先易后难的顺序，也可以按照从前往后的顺序做，如果中间遇到不会的题目，可以先在题目旁边用五角星或者圆圈做一个小记号，等做完其他题目之后，再来攻克这些难题。

学习形式宜多样化

国内一位教育专家在谈到学生的教育问题时，发表了这样的观点：学生的学习方式不能太死板，应该鼓励他们上网，看电影，用英语和家长聊QQ，听英文歌曲等。

的确，网络对于我们来说，已经不再陌生了。作为我们获取信息的一个好帮手，它开阔了我们的知识面，同时也改变了我们的学习方式。当高年级的孩子做完作业后，家长不妨给他规定一个上网时间段，指导他利用网络进行学习。

1. 查找学习资料

网络上有很多学习资料可供孩子参考，当孩子要查找某个知识点时，上网一搜，就能搜索出很多，这便于他们全面地掌握该知识点。比如一位同学在音乐学习中碰到了这样一道题："《月光曲》的作者是谁？哪国人？歌曲表达了什么？情绪如何？"他在网络中输入关键字内容，答案很快就搜索出来了。通过自主查找，搜集资料，不仅提高了自主解答能力，还利于孩子养成良好的学习习惯。

2. 答疑解惑

学习上遇到问题，家长又不会时。只要能上网，就可以在网上搜索答案，如果搜不到，还可以把问题发布出去，很快就会有网友关注，并给出答案。结合答案，再让孩子想一想，不仅可以开起他们的解题思路。还可以提高他们的思维能力。

3. 相互交流

网络给了孩子一个敞开心扉交流的窗口，在与其他人的交流和讨论过程中，孩子不断动脑提出自己的观点，促进了对知识的理解和升华，同时也可以获得更多、更好的处理问题的方法。

告别作业马虎

很多家长在提到自己的孩子时总是这样说："我家孩子很聪明，可是做作业时总是在一些简单的题目上出错，让他自己再检查一遍的时候，他自己也会恍然大悟，这马虎的毛病该怎么改呢？"

孩子马虎的原因是多方面的：有的是性格急躁，做事着急，难免出错；有的是学习态度不端正，对待作业总是敷衍了事；而有的则是因为对知识点不熟练，于是才出现了顾此失彼、错误迭出的情况。因此，解决孩子马虎的问题需要对症下药。下面介绍几种方法供家长参考。

1. 了解孩子是否掌握基础知识

有时，孩子看似粗心做错题的背后却隐藏着基础不扎实、对概念不理解的真相。比如，一个孩子的作业本上出现过这样的错误："$0 \times 7=0$""$0 \div 7=0$""$0+7=0$"。当家长指出他的错误时，他往往因为没有真正弄清加减乘除四种运算的含义而对家长解释说："零代表着没有，所以任何一个数与零加减乘除结果都是零。我这样做没错！"再比如，当遇到求封闭的半圆的周长时，一个孩子可能因为没有深入理解"周长"的概念而只算了半圆弧的长度，遗漏了直径的长度。所以，当家长发现孩子题目出错时，一定要多了解一下孩子出错的原因，别让粗心和马虎成了掩盖问题真相的幌子。

2. 认真打草稿

不少孩子的马虎习惯是从打草稿开始的，所以，家长要教育孩子打草稿不能太潦草，在打草稿的时候，要按照题目的解答顺序，将演算步骤清晰地写在草稿纸上，方便自己回头查看。

3. 争取一次就做对

在平时做题的时候，家长应告诉孩子要努力做到一次成功，而不要总等着重新检查的时候再去发现自己的错误。每道题只做一次，这种好的做题习惯，在考试的时候能够发挥巨大的作用。北京大学附属中学的优秀学生胡波曾经深有体会地说："做练习和考试一样，考试就和平时的练习一样。"这两个"一样"启示我们，在指导孩子做作业时一定要让他们抱着"一次就做对"的信念，做到不粗心、不马虎。所以家长不妨限制孩子使用橡皮的次数，想好了再做，争取一次做对。

4. 鼓励孩子先自检

有些家长总怕孩子作业出错，于是天天劳心费力地给孩子检查作业。时间久了，孩子就会有这样的想法："即使我做错了，爸爸妈妈也能给检查出来，我不需要太仔细。"在这种依赖心理的作用下，他们做题时便更加马马虎虎,错误百出。所以,在孩子做完作业后,家长应尽量让他们先自己检查,自己认识到错误,然后家长再检查一遍,以便让孩子养成仔细的好习惯。

5. 排除干扰

在孩子写作业的时候,要尽量排除各种干扰。有些孩子专注性差,在写作业的时候,稍微有一点风吹草动,他们就会注意力涣散,不能专心地写作业,从而出现马虎出错的情况。因此,家长要尽量为孩子营造安静的学习环境,避免各种干扰。此外,对于那些写作业时总想着看电视、吃零食的孩子,家长要告诫他们"写作业的时候要专心写作业,其他的事情要等到休息时或者写完了才能做",以避免孩子分心出错。

预防孩子粗心,还要防止疲劳过度。一旦孩子因疲劳而出现注意力下降的情况时,写作业就容易犯错。这时,如果脑力与体力得不到恢复,粗心问题就难以纠正。所以,在孩子学习的间隙,要适当休息,以便他们在学习时可以集中精力地做作业。

告别书写潦草

很多时候,作业一多孩子可能就会出现字迹潦草的情况。那么,有什么好的方法可以杜绝这种情况的发生呢?

1. 预防法

在孩子做作业之前,家长应告诉孩子要重视作业的书写问题,比如,字要一笔一画地写,做数学题时每一个步骤都要写清楚等,以杜绝孩子出现做作业马马虎虎的现象。如果孩子正上一年级，家长要从孩子写作业的细节抓起，比如坐姿、如何握笔书写、眼睛距离桌面多远等，为孩子以后能认真书写打好基础。

2．榜样法

如果孩子书写潦草，家长可以多多鼓励孩子，告诉孩子别人能够做到的，只要细心、认真，他也一定可以做到。另外，当孩子写作业有一定的进步的时候，一定要及时表扬和鼓励他。

3．多练字帖

孩子作业潦草，除了内心主观不想写好外，可能还存在能力有限、写不好字、性子急或者字迹马虎的情况。而平时的字帖练习可以弥补这两方面的不足。再者，家长也可以让孩子多与人玩一玩围棋，练练钢笔字、毛笔字，这些对培养孩子的专注力都有很大的帮助。

4．进行细活训练

学习、生活中有许多不认真绝对做不好的细活。对于马虎的孩子，家长们可以通过让他们干细活的训练来帮他们改掉马虎的坏习惯。比如，画工笔画、淘米、择菜、缝补衣服、制作布娃娃等。经常参加这样的活动或游戏，孩子就会越来越认真。

帮助孩子克服作业潦草的方法有很多，具体运用时要因人而异，灵活应变。

培养孩子独立做作业的好习惯

谈及孩子的作业问题时，一位家长无奈地说："从女儿上学开始，为了让她不落后于其他孩子，我每天都会陪她写作业，在我的督促下，孩子的作业一直写得不错，成绩也很好，可是，时间久了我却发现这样一个问题——女儿对我越来越依赖了。不管我回家多晚，她都要等着我陪伴她写作业，让她自己一个人写的时候，她就没了主心骨，坐在那不知道该做什么。慢慢地，随着工作压力的增加，我也没那么多精力陪伴她了。而且，她年级越来越高，很多问题我也解答不了。"

许多父母像上述家长一样，出于对孩子成长的爱护和希望，不管自己有多累，总是陪着孩子一起把作业写完，直到检查完没有错误才放心。长此以往，一方面，孩子容易形成依赖心理，家长在身边的时候，作业质量就高，不在身边的时候甚至都不知道该如何下手；另一方面，随着孩子年龄的增长，知识难度的增加，很多家长就很难再辅导孩子的功课了。这时，那些已经形成依赖心理的孩子很难适应，从而影响他们的学习。

那么家长该如何做才能让孩子独立地做作业呢？

1. 低年级需适当辅导

一般来说，低龄孩子还没有养成良好的学习习惯，理解能力也比较差。这时父母应该多督促孩子，辅导他们的功课。比如，刚上学的孩子，常常不懂"作业"是什么，也不明白为什么要写作业，回到家里就把作业忘在脑后了。这时，家长的督促与辅导就是非常必要的，比如问一问孩子，老师布置了哪些作业，及时地解答他们的疑问，以建立起他们做作业的信心。同时，要不断地强化"所有难题经过思考都能独立完成"的概念。鼓励孩子认真思考，而不是一遇到难题就找家长。

2. 中、高年级需逐渐放手

随着孩子年龄的增长，父母就应该逐渐地放手。一般来说，到了中、高年级以后，孩子有了一定的独立完成作业的能力，此时，父母所起的作用主要是辅助孩子解决作业中的难题，检查孩子作业的完成质量，督促孩子查漏补缺，并进行针对性的辅导。具体来说，父母要教会孩子做一个"写作业的计划"，回到家里，先把自己每天的作业汇总一下，不要有遗漏的地方，然后安排一下做作业的顺序。这样，即使父母不在眼前，孩子也知道该完成哪些学习任务。当孩子在做作业的过程中向家长提问时，家长应该鼓励孩子："你自己尝试一下，如果实在解答不出来，等你写完作业后，我们再探讨。"经过这样的过程，孩子就会逐渐摆脱对父母的依赖，养成独立写作业的好习惯。

3. 提前帮孩子"扫一扫"难题

对于那些已经形成了严重依赖心理的孩子来说，他们多半是对作业中的难题产生了畏难情绪，不愿动脑解答难题。所以，家长不妨让孩子在写作业之前先把难题挑出来，然后问一问孩子对于难题不理解的地方在哪里，之后再给孩子做一些思路上的简单指导，鼓励他们独立完成。

家长在做到上述三点的同时，还要对孩子充满信心，相信他们可以独立地完成作业。所以，在孩子做作业的时候，家长不要一直盯着看，也不要在他们出现错误时打断他们。这样，孩子才能更加专注地独立完成作业。

孩子当自强

康熙年间，贵州巡抚刘荫枢告老回乡后，想用一生的积蓄为家乡建一座桥。但是子女却反对他："您当了一辈子高官，我们却没沾到一点光，好不容易盼到您回家，您却如此不顾我们。"刘荫枢很伤心，他觉得自己虽然一身清白，但忽视了对子女的教育。于是，他用尽积蓄，历时五年，修成大桥，取名"毓秀桥"。

桥修好后，他对子女说："我之所以用全部积蓄修桥，就想用事实告诉你们，自己的路自己走，自己的生活自己创，靠天、靠地，不如靠自己。"为了彻底消除孩子们依赖父母的心理，他以十五两白银的价钱把桥卖给了官府。

　　刘荫枢的所作所为深深地打动了他的子女。他的孩子后来都成了国家的栋梁之材。应该说，刘荫枢注重孩子自强精神的培养是具有远见卓识的，而他用毕生的积蓄来教育孩子，可谓用心良苦。

怎样检查孩子的作业

很多孩子在做完作业后习惯让家长检查，接过孩子的作业后，不少家长会出现以下几种做法：

1. 就题论题

有的家长在帮孩子检查作业时，只关心孩子不会做的题目，在跟孩子讲题的时候仅就题论题，而不是举一反三。

2. 过度关心对错

有的家长过度关心题目解答的对与错，不关心孩子的解题方法以及思维方式。或者忽视孩子答对的题目，只盯着孩子的错题不放，然后批评指责孩子。

3. 包揽全部

家长事无巨细地帮孩子从头到尾地检查，哪个标点符号写错了都要一一指出。

4. 重数量轻质量

有的家长更注重孩子做了多少道题，而忽视了作业质量。

我们知道，家长帮孩子检查作业，只是一种阶段性行为，因为碍于知识能力和学习能力，家长不可能永远帮孩子检查作业。但是，如果家长这一阶段性行为没有做好的话，就会给孩子的学习带来极大的隐患。不少孩子因为家长的不良检查习惯而缺乏对知识的把握，考试时缺乏应变能力，甚至有的孩子上网抄袭答案应付家长的检查，有的则在家长的责骂下倍感压力，失去了学习兴趣。

那么，家长应该如何帮孩子检查作业，才能起到积极的带动作用呢？

1. 引导孩子举一反三

比如，孩子数学作业中涉及一道"鸡兔同笼"的问题，家长在指导孩子解答时，至少应该做到以下几点：

（1）让孩子明白这道题目的解法；

（2）解答几道同类题；

（3）让孩子总结出此类题型的特点和解题方法。

家长在指导孩子做作业时，要培养孩子举一反三、多角度的思维意识，这样就能将知识点扩展成知识曲，对孩子的学习来说大有裨益。

2. 分级推进

家长检查孩子的作业时，也是孩子自我检查的一个过程，家长叮按照孩子年级的不同来引导孩子。一、二年级的孩子主要以培养良好的学习习惯为主，检查之前可对孩子说："我们共同来检查作业。"检查应侧重于孩子对基础知识是否理解，书写是否整齐，计算是否完整等方面。在家长检查完孩子的作业后，先不要告诉孩子错误之处，而是让孩子找一找错误之处，对于孩子没有找完全的，家长要做补充，并监督、鼓励孩子通过翻看课本、查阅工具书等方式来改正错误。对于三年级以上的孩子，家长检查作业的侧重点在于孩子解题的思路。至于计算结果，则应让孩子主动发现。

3. 只讲关键点

遇到孩子出错的地方时，家长可以通过画圈或画横线的方式引导孩子自己去思考。对于那些孩子实在解答不了的难题，家长可以告诉孩子解题思路或者作答方向，引导孩子自己一步步地去尝试解答。另外，家长在给孩子讲解题目时，应重视基础知识和问题的关键点，不必面面俱到，将更多的解答空间还给孩子。

4. 呵护孩子的优点

家长不要一味地紧盯孩子的错题，而要善于发现孩子在答对的题目中所表现出的精彩之处。看错题也要辩证地一分为二地进行分析，寻找亮点，也许计算失误但方向正确，也可能步骤有误但解题方法正确，家长要抓住这些闪光点鼓励孩子。此外，家长还可以从这些"错题集"中抽出一些，考考孩子，看看他们是不是真的改正了，这样，孩子才会真正重视做错的题目，有意识、有目的地去改正自己的错误。

此外，从检查时间和频率上来说，家长可以采用"及时检查"与

"定期抽查"相结合的方法。所谓"及时检查",就是利用自己的空余时间,每天抽出一点时间帮孩子检查作业;而"定期抽查",则是在自己没有太多时间的情况下,每隔几天询问一下孩子的学习情况,抽查一下孩子的作业。通过这样的检查方式,就可以很好地起到督促孩子学习的作用。

谨防橡皮综合征

很多孩子在写错字或者做错题后,都喜欢不停地用橡皮擦,直至把作业本擦破。还有些孩子如果发现橡皮不在身边,就无法安心做作业。其实,这是"橡皮综合征"的表现。心理专家认为,橡皮综合征不是一种病,而是一种不良学习习惯的表现。它与小学生心理压力过大有关,也与家长对孩子要求严格,过度追求完美有关。橡皮综合征的表现是,孩子写作业时,会不停地用橡皮擦错误来化解内心的紧张,还会出现东张西望、咬手指、在本子上乱写乱画等现象。

患有此症的孩子智商一般没有问题,但往往精力旺盛,做事不专心,经常写错字,比如把"O"写成"0"、把"i"写成"1"。对于这部分孩子,家长可以从以下几个方面进行纠正。

(1)适当奖励。当发现孩子玩橡皮或者用橡皮擦个不停时,家长不应打骂孩子,而要用适当的奖励手段来引导孩子戒掉橡皮综合征。比如,在孩子写作业之前,家长要求孩子要保持作业整洁,在一定时间内准确无误地写好字,就会有奖励,反之,如果孩子过度依赖橡皮,无法专心地写作业,家长就可以将橡皮收到自己的手中,孩子有五次请求用橡皮改错的机会。

（2）不要给孩子买花样繁多的学习文具。很多文具造型新颖，孩子在使用时就会分散注意力，加上孩子缺乏自控力，因此容易引发橡皮综合征。

（3）转移注意力。当孩子患有橡皮综合征时，家长可以采用转移注意力的方式纠正孩子的不良习惯，比如，在写作业的间隙，让孩子玩一玩亲子游戏等。

第七章

做好整理工作，帮孩子减轻学习压力

　　热爱学习的孩子更注重学习中的细节。比如，他们课桌上的各类学习资料摆放得井井有条，作业卷面整洁……而在众多的细节中，课后注重整理是不容忽视的一个关键。正是通过良好的整理习惯，他们总能发现错题背后的原因，从而及时地弥补漏洞，使学习变得更加有序。

整理试卷的方法

何晓峰读初中三年级，他是个大大咧咧的男生，平时做事不拘于小节。随着中考的临近，做过的试卷越来越多，再加上他平时没有整理的习惯，有很多次，老师已经在课堂上讲了很长时间的试卷了，他却一直还没有找出来。这让他在学习上处于非常被动的局面。

很多时候他也想把试卷整理得有条理一些，可是看着厚厚的堆成小山的卷子，他却不知如何下手。

而同桌王晓丽却能将试卷整理得有条有理。每次在老师讲解完试卷之后，她都会把试卷一张一张地按顺序整理成习题集的样式，然后按照考试日期和科目加以排列、整理，最后装订成册，使用起来非常方便。

孩子平时的试卷的确很多，大到各年份的考试真题，小到章节单元测试题、月考题、期末试题……卷子多了如何存放和整理，这成了一个很大的问题。有不少同学都像何晓峰一样，面对如此众多的试卷，不知该如何归类，缺乏条理性，最终试卷越来越多，而真正从试卷上吸收的内容却有限。那么，除了王晓丽装订试卷的方式外，孩子还可以怎么做呢？

1. 为试卷编清目录

正是因为存放的不合理，很多试卷才会在需要的时候找不到。建议家长指导孩子按照时间顺序将各科试卷进行归类，每科用一个大夹子夹好，或是用袋子装好。按照单元、章节，将试卷整理归类。用醒目的水彩笔统一在试卷的右上方或左下方空白处标清页码，然后为每类试卷设一个目录页，用表格的形式注明学科及其中不同试卷的标题及页码。这样存放和查找就会很方便。

2. 随学随整理

为了保证试卷的完整性，家长不妨指导孩子每天抽出3分钟的时间将手中的试卷做一做整理。对于以前没有整理好的试卷，也要按照考试时间顺序进行捋顺、订成册子。

3. 定期补充

对于那些在课外资料上见到的与试卷上的题目相类似的内容，也可以让孩子将其摘抄到试卷中，或者直接把它和试卷订在一起，以丰富试卷内容。

最后，需要注意的一点是，尽量保持试卷的完整性。许多孩子在整理试卷的时候，习惯将卷子剪开，把带有错题的那部分粘贴到错题本上，然后再写上错因分析和正解。这种方法固然可省去大量的抄题时间，却容易将试卷拆分得七零八落，到最后孩子甚至分不清单元模拟考了哪些题目，课堂模拟又考了哪些题目，一份试卷上试题的难度分布更是无从体现，这一点需要引起孩子的特别注意。

角色互换

北京市十三中的冯平平同学说，之前她在班内的排名一直很稳定，但拔不了尖。为此，她非常苦恼，不知该怎样做才能名列前茅。一天，她在读报时读到"角色互换"这个词时，忽然想到：能不能把试卷和课本来个"角色互换"呢？在考虑到这一点后，她做了以下几个步骤：

第一步，将试卷依照教材内容整理好，并编好序号，比如第一章第一节的在最上面，之后是第一章第二节……因为考卷基本是按照教材内容进行的，所以整理起来并不费劲。

第二步，在每张试卷的首页空白处写一段"导语"，主要包括两方面内容：一是说明此卷的考点是什么，二是列出与考卷相关的知识点。知识点不必写得很详细，可以只写一个出处。

第三步，在试卷尾页空白处写上一段"考试小结"，总结自己的考试情况，如果考得不理想，写出自己在知识上的缺陷。

经过这三步，试卷就改造成教科书了。因每学完某一知识点，就有小考；每学完几个或十几个知识点，就会有阶段考；每学完一个时期，就有期中或期末考。将这些试卷装订起来，反复阅读，比看教科书更有效。

通过试卷和教科书的"角色互换"，她的学习成绩最终有了突破，看到自己的进步，她对"角色互换"的兴趣更大了。

注重整理试题

我们知道，试卷上的题目都是老师精心挑选出来的，每道试题都具有很强的代表性，是知识的精华部分，它对于强化孩子们的知识有着非常重要的作用。如果孩子能利用好试卷，就能直接从中看到自己在一段时间内的学习效果以及没有掌握的学习盲点，从而节约学习时间，提高学习效率。但是，很多孩子对试卷的题目却并不重视，利用程度也远远不够，每次考完不是把试卷一扔，就是将它们束之高阁、置之不理，结果，试题对他们来说并没有起到多大的作用。

那么，该如何整理试卷上的题目，才能让一张试卷起到十倍的学习效果呢？

1. 树立正确的分数观

很多孩子不能好好整理试题的原因是过于纠结分数。有的孩子会因为考得好而沾沾自喜，于是觉得试题没问题了，不需要整理。还有些孩子则因为考得不理想而情绪低落，心理上排斥试题。作为家长，要及时帮助孩子纠正这种错误的心态。考得好，固然值得高兴，但是更要让孩子明白谦虚使人进步，骄傲使人落后的道理。对于考得不好的孩子，家长则应帮助孩子分析原因，总结教训，作为接下来努力的方向，同时，要给予孩子更多的鼓励和肯定，让他们明白，暂时落后并不可怕，只要改正错误，就能迎头赶上。另外，还要告诉孩子，错得多，代表进步的空间大，所以，整理试题前首先要摆正自己的心态，做到胜不骄、败不馁。

2. 试题做三遍

在孩子摆正心态后，可在不同的时间段将错题再做三遍。

第一遍，按照规定的时间完成。

孩子在考试的时候容易忽略做题节奏，比如，在前面试题上浪费了太多的时间，而后面的题目基本没有时间去做。这个坏习惯是一定要避免的，所以，要求孩子第一遍做试卷的时候就要合理分布时间和精力，保证在规定的时间内完成。做完之后，孩子需要花时间对出错的题目进行错因分析，难题要做归纳总结，包括将错题整理到笔记本中，用红笔标记重点题目等。

第二遍，比原来时间少30分钟完成。

第二次的时间可选在3~5天后，因为试卷已经做过一遍了，所以这次可以压缩一下时间，如将做题时间减少30分钟以便提高孩子的做题速度，同时测试他们对知识的熟练程度。做完后，看看之前错过的题目有没有再次出错，还有哪些知识点比较模糊，结合课本和错题本，再次纠错。

第三遍，要求正确率100%。

经过前两遍的反复练习，孩子对于这套题已经非常熟悉，所以可以在准确率方面做一下要求，比如要保证90%~100%的准确率。做题时间建议选择在一个月之后，以便测试一下孩子对知识点的掌握程度，比如在做试题的时候，哪些题目比较容易，哪些比较难，要做到胸有成竹。如果试卷上的哪一题做错了，一定要好好地总结反思一下，反思自己在这次考试中暴露了哪些问题。是知识点没有掌握扎实，还是做题步骤生疏。只有这样，孩子的考试成绩才能一次比一次好。

注重总结

家长在指导孩子改正错题的过程中，还要指导孩子不断地总结。具体来说，可以从以下两方面着手。

1.知识点总结

首先，拿到卷子后，细细浏览卷子中的每道题。此时需要关注的不应只是错题，也包括自己当时答起来不顺利、思维有障碍的题，以及凭运气做对的题。

其次，应着重对这部分题涉及的知识做一个由点及面、更深、更广的复习。千万不要就题论题，因为这样的总结只会让你多做一道题而已，下次类似的题变一变形，可能又错了。一道题错了，可能是你相关的知识体系没有搞清楚。

2.考试技巧总结

一定要重视每次考试，把每一次考试当成很重要的考试来对待。

初三的孩子应尤其注意，要把每一次考试当成是中考的真实演练。当你再次回顾整个考试过程时，可以针对以下几个问题进行思考。

（1）这次考试你的策略是什么？时间安排是否合理，有没有出现先紧后松或先松后紧的现象？

（2）有没有出现填错答题卡，或者其他很明显的低级失误？如果有，你要怎样让自己记住这个教训？

（3）具体到每门学科。数学是否因为专注后面的某道很难的大题而没有检查前面的题，导致丢了一些不该丢的分？英语听力是否因为纠结前面的内容而影响了听后面的内容？等等。

把你总结的记下，这都是你宝贵的经验。进行这些总结后，还要把这次考试的错题整理到错题本上，以便更好地回顾和吸取教训。

整理错题的步骤

在平时的学习中，不少孩子都会出现这样的情况：老师讲过的题目，自己做过的题目，甚至做了不止一次的题目，考试时还是能错了。所以这部分孩子会想当然地认为自己太笨，不管再怎样学，成绩也提不上去，所以就越学越没有信心。

我们知道，对于孩子来说，知识可以分为两类：一类是已经完全熟练掌握的，一类是还没有完全掌握的。已经掌握的，这一次做题会做，下一次做题还会做。而自己没有掌握的，这一次不会做或者做后出现了错误，自己整理到错题本上了，反复地练习，并将知识点弄懂，那么下一次再做的时候就会了。按照这种方式，所有的知识都能有效地掌握。

具体来说，家长在指导孩子整理错题时可分以下几个步骤：

1. 分析出错的原因

那些觉得错题本没有效果的孩子，一般来说，错题本上只有题目和答案，却忽略了分析、总结和反思。这样的话，等孩子下次再看错题的时候，还是一头雾水，不明白当时为什么做错了，对于题目的考点依然一无所知，对待解法也束手无策。所以，看到错题后，孩子要做的第一步就是分析错题：

（1）分析出错原因，是计算失误还是知识点不明确；

（2）标记解题用到的公式和解题方法；

（3）思考有无其他方法；

（4）由此题是否还能衍生出其他题目，解法如何。

2. 整理错题

除了每次考试的错题，孩子还需要记录好每天作业中出现的错题。每天在做当天的作业前，要求孩子对每道错题都要重新摘录，并且要包含以下内容：错误过程陈述、错误原因分析、错误类型总结、正确解题过程。如果有多种方法，也应该一并写出。错题格式可参考如下：

×年×月×日

原题：

错解：

错误原因（种类）：

正解：

指导孩子将错误原因分析按照知识层面、思维层面、方法层面、规范答题层面和心理稳定层面做好分析。否则，找不准病因，纠不了错误，等于白费了时间。

3. 必要的补充

在完成前面两个步骤之后，孩子还需要针对每一道错题，查找资料或教材，找出与之相关的题型，并做出解答。如果解答这些试题完全没有困难，那说明孩子已经掌握了这一知识点；反之，则说明孩子对这一知识点的掌握还不够透彻，仍需进一步深入地把握知识点。

4. 错题改编

孩子对题目进行改编，这是对知识点举一反三进行理解的最佳方法。这一个步骤对于那些成绩落后的孩子来说，难度可能大一点，家长可协助他们进行，在初期阶段，孩子对题目的已知和所求做一些简单的改动即可。

"磨刀不误砍柴工"，整理错题看似浪费了孩子的一部分时间，但是却非常值得，因为在这个过程中，孩子对知识又有了新的认识，思维又获得了更高层次的提升。只要孩子坚持下去，正视并改正每一个错误，很快，他们就会欣喜地发现，错误会变得越来越少，他们对学习的信心也会越来越强。

找到丢分的原因

通常情况下，孩子考试丢分的原因有三种，即知识不清、问题情景不清和表述不清。

所谓"知识不清"，就是在考试之前没有把知识学扎实，遇到考题不知该如何作答，与考试发挥没有关系。

所谓"问题情景不清"，就是审题不清，没有把问题看明白，或是不能把问题看明白。这是一个审题能力、审题习惯问题。

所谓"表述不清"，指的是虽然知识具备、审题清楚，问题能够解决，但表述凌乱、词不达意。

家长协助孩子研究这三者所造成的丢分比例，用数据说话，就能帮助孩子发现自己的不足，找到失分方向。

错题本应该记什么

　　孩子在记录好错题后，还需要进一步完善错题本，这样才能在每次考试之前，把错题本当成自己的复习利器，提高复习效率。

　　对于这一点，以优异成绩考上重点高中的李丽这样说道："初中除了数理化需要错题本外，我也建立了一个语文错题本，里面记录了一些中考常考以及我常错的多音字、形近字、成语等。此外，我把一些读到的好句好段也一起记录到了错题本之中。初一、初二时，我的语文成绩比同等水平的同学少十几分，但是我利用这种方式，到中考前，我的语文单科成绩在年级前五名，而且作文的分数也极高。"

　　有着30年教学经验的陈秋霞老师补充道："在学生整理错题时，我要求他们连同知识点也一并记录在错题的下面。这样做的目的是，孩子要记录知识点，就必须重新阅题。这个过程就是联系老师在课堂上所强调的知识点的过程，不仅回顾了课堂上老师讲授的知识点，还更进一步，建立起知识点与题目的联系。有人可能会觉得这点儿回顾对学习的帮助微乎其微，其实不然，以我日常辅导孩子的经验来看，这是孩子面对题目主动寻找关键点，进而联系课堂知识点，获得解题思路的便捷方法。"

那么，错题本除了记录错题、好句好段、题目涉及的知识点外，还需要记录哪些重点内容呢？家长不妨参照下述内容：

1. 不会做的题

对于这类题目，指导孩子重做一到两遍是十分必要的。如果做过几遍后仍然感觉对题目把握不准，那不妨将题目整理到错题本中，然后将其作为学习的重点，健全自己的知识体系。

2. 模棱两可、似是而非的题

主要包括概念模糊和记忆模糊两类，对于这类错题，通过分析，可以弄清楚是把知识点弄混淆了，还是把公式用错了；是理解出错，还是没有记牢固。

3. 会做却做错了的题

对于这部分题，很多孩子自以为是地认为下次注意就可以了，自己绝对不会再犯这样的低级错误，然而往往事与愿违，此类题目依然一错再错。所以，孩子一定要找出问题所在，消灭这类问题。

4. 知识点、小结论

可以在错题本中记下易忽略、较复杂以及必须牢记的知识点。

5. 常见的方程式

对于化学方程式，简单的可以不在错题本上记录，但一些重要的、复杂的方程式最好记在本子上，以便及时复习。

6. 典型例题

在错题本上记下那些典型的题目，并做简单的分析，有助于提高孩子举一反三的能力。

7. 灵感

让孩子记录下做题的灵感，虽说在做题的时候并不能提供很大的帮助，但是可以极大地提升他们的学习兴趣。

记录好上述内容，的确需要花一些精力，尤其在初开始阶段，但是它是孩子告别题海战术、减轻学习压力、提高成绩的最佳法宝。

向鸭嘴兽道歉

恩格斯22岁那年，有一天，一个朋友到他家做客。朋友高兴地对恩格斯说："在澳洲有一种奇怪的动物，叫鸭嘴兽，它们是哺乳动物，可是却用蛋来繁殖后代。"说完，他还把鸭嘴兽的蛋拿给恩格斯看。具有渊博的自然科学知识的恩格斯看了以后，哈哈大笑地说："你肯定是搞错了！鸭嘴兽既然生蛋，就一定不是哺乳动物，因为哺乳动物都是胎生的。"恩格斯还嘲笑了那种认为哺乳动物会下蛋的"愚蠢之见"。

数年之后，恩格斯终于明白自己这种看法是错误的。

原来，鸭嘴兽这种生活在澳大利亚南部山溪河湖边的小动物，确实是世界上现存的最原始的哺乳动物，也确实是用蛋来繁殖后代的。由于鸭嘴兽是从爬行动物进化来的，因此至今还保留着一些爬行动物的特征，同时也具有某些哺乳动物的特点，比如母鸭嘴兽会下蛋，而且会给小鸭嘴兽喂奶；它下蛋后，也会像鸟一样紧紧地伏在蛋上，直

到孵化出小鸭嘴兽为止。初生的小鸭嘴兽，靠吃妈妈的奶汁长大。

恩格斯认识了自己的错误之后，马上给他的朋友写了一封信。在信中，他坦率地承认了自己的错误，并且风趣地表示，他要向鸭嘴兽道歉，请它原谅自己的傲慢与无知。

第八章

语文这样辅导，孩子进步快

如果说学习语文是建设一栋大楼，那么，语文的字音、字词、语法、句子、阅读训练、文言文解释、作文等，便是这栋大楼的一砖一瓦。孩子只有掌握一定的"建造"技术，才能盖起稳固的大楼。

2．下面这篇短文里有多个错别字，请将它们用圆圈画出来，然后在下面改正过来。

公圆的风景真美阿！杨柳垂着头，薇风吹来，好像在不停地招手。假山千资百态，有的像兔子，跷起了尾巴，似乎是在切切私语；有的像狮子，威武地战在那里，仿佛是在站岗；有的像老爷爷，拄着拐杖，战在那里晒太阳……

扩大自己的词汇量

林林正读小学六年级，小小年纪的他不但口才出众，而且作文也写得不错，他的作文经常入选一些中小学优秀刊物。原来，他酷爱阅读，每当他遇到一些精彩的词语和段落时，他都会认真地整理、记录到笔记本中。经过不断地摘抄和积累，他的词汇量越来越大，作文写得也就越来越好了。

我们知道，语言的积累包括许多方面，比如"课文中优美词语、精彩句段的积累""背诵优秀诗文"等。而词语的积累是最基本的，因为词语不仅关系着孩子阅读、理解课文，还关系着他们的写作水平。那么，孩子该采用怎样的方法来扩大自己的词汇量呢？

1. 通过课文，积累更多的词汇量

孩子每学完一篇课文，家长可以指导他们将这一课的词语归纳成几类，如叠词、成语、描写动作的词语、描写景物的词语等。比如，以叠词来看，家长可以指导孩子用下面这样的列表进行归纳。

课文	叠词	表达意思
《古井》	叮叮当当、吱悠吱悠	写出了人们挑水时的热闹情景，形象地说明了到这里取水的人多，又从侧面反映了古井为乡亲们提供生命的泉水，默默奉献的精神
《富饶的西沙群岛》	懒洋洋、圆溜溜	"懒洋洋"形象地表现了海参缓慢移动的样子，憨态可掬，逗人喜爱；"圆溜溜"非常逼真地写出了鱼眼的灵活与水灵
《你必须把这条鱼放掉》	慢吞吞	十分恰当地写出了汤姆不想把鱼放掉，可又不能违反爸爸的命令的矛盾心理

经过这样的积累，孩子的词汇量会越来越多，应用起来也会得心应手。

2. 通过阅读，扩大自己的词汇量

一个词只有放在特定的语境中，孩子才会知道它应该如何使用。所以，孩子在学好课本词汇的基础上，还要多阅读各种各样的书籍、报刊，多背诵古诗、名言警句等，从而扩大自己的词汇量。在阅读的过程中，如果遇到了不认识或不理解的字词，就可以查阅字典或词典，从而清楚地知道这个字词的音、义。同时，孩子在查字典的时候，不仅仅要把不认识的字词查明白，还可以将这个字词在字典中前后的几个"邻居"也弄明白。这样一来，就掌握好几个词汇。慢慢地，孩子的词汇量自然会丰富起来。

3. 采用归纳积累的方法扩大词汇量

孩子可以准备一个专门的笔记本，把平日里遇到的词汇归类抄写在笔记本上，比如，将学过的同义词、同类词进行归类整理，对积累词语，巩固词语是很有帮助的。比如描写景物的词语——白虹贯日、蓝天飞虹、玉树琼花、争奇斗艳、山清水秀、绿树成荫，描写人物神态的词语——傲慢、愧疚、惊慌、慌乱、恐慌、沉思，描写心理活动的词语——欢欣鼓舞、喜出望外、喜上眉梢、喜笑颜开、喜形于色、眉飞色舞。根据这种分类方式，孩子还可以把关于方位的词语、关于数字的词语、关于动物的词语等归纳在一起，这样可以较快地掌握、积累更多的词汇。

4. 注意从生活中积累

在日常生活中，孩子在看电视、看报纸、阅读家里收到的书信以及参观一些展览时，要让他们做一个有心人，可指导他们用一个小本子专门摘录名言名句、优美的词语和巧妙的修辞方法等。

5. 读讲结合

从课外读物里，指导孩子选出自己喜欢的寓言、童话等小故事，反复熟读，之后用自己的语言结合文中优美的字词句讲一讲，这样，孩子对书中的知识就会有更深刻的认识，同时，会更精准地掌握词汇。

开展家庭知识竞赛

家长可以通过开展家庭知识竞赛的方式来进一步提高孩子的语文学习热情。

在开展知识竞赛前,为了使活动更加有趣,还可以邀请其他孩子与家长一起参加。整个活动分为两个小组,两个环节,即家长组和学生组,必答题和抢答题。活动规则如下:

第一轮:必答题

学生组和家长组相互出题。比如,学生组的某个同学在一张白纸上写好1~9这九个编号,每个编号的背面结合家长阅读的内容,分别有9道不同的问题。游戏开始后,成人组派出一名成员,选择一个编号,然后回答对应的问题。回答不出来的由本组的另一位成员继续回答。限时三分钟,答对一题加10分,答错不扣分。待家长组回答完毕后,再按照同样的规则考查学生组。

第二轮:抢答题

抢答开始之前先选出一名主持人。主持人所出的阅读问题都是大家平时有所接触的,比如:《红楼梦》的作者是谁?简要叙说《水浒传》中的人物等。在主持人说出问题后,家长组和学生组进行抢答,答对一题得10分,答错扣5分。

最后,在上述两轮答题环节结束后,主持人评出获胜方,并给出适当的奖励。这种形式的家庭活动不仅活泼有趣,还可以增进孩子与父母之间的感情,进一步激发孩子的学习热情。

理解句意

很多孩子有这样的抱怨：语文课上，老师点名叫我谈一谈如何理解文中句子的含义时，我一头雾水，总被这样的问题难倒。该怎么办呢？

句子是多种基础知识的综合体，包含了词汇、语法、修饰等多方面的知识。所以，对一个句子，我们可以从不同的角度进行分析，这样才能更恰当地理解句意。

具体来说，家长在指导孩子学习时，可以尝试以下几种方法：

1. 联系上下文理解句子的含义

一般来说，文中的句子跟上下文的联系是非常紧密的，这就需要孩子整体把握文章内容，在此基础上理解句意。比如《掌声》这篇课文，有这样一句话："就在英子刚站定的那一刻，教室里骤然响起了掌声，那掌声热烈而持久。"结合上文，讲了英子是残疾自卑的，上讲台的时候眼圈还红红的。后面讲了英子站定后，把故事讲完了。从而体会到此句句意是同学们用掌声鼓励英子要坚强、勇敢。在孩子联系上下文的基础上细细品读，句子含义便会迎刃而解。

2. 抓住"句眼"体会句子的含义

有的课文篇幅较长，如果孩子在阅读时抓住了句子的关键字词，也就等于把握住了文章的整体思路。比如《詹天佑》一文中第一句话"詹天佑是我国杰出的爱国工程师"，可以看到整个句子有"杰出"和"爱国"两个字眼，家长可以问问孩子杰出是什么意思，课文是如何体现詹天佑的杰出和爱国的，让孩子按照这两个关键字词探究课文，就能深入理解句子以及整篇文章的大意。再比如，《跨越百年的美丽》文中有这样一句话："为了提炼纯净的镭，居里夫妇搞到一吨可能含镭的工业废渣。他们在院子里支起了一口大锅，一锅一锅地进行冶炼，然后再送到化验室溶解、沉淀、分析。化验室只是一个废弃的破棚子，玛丽终日在烟熏火燎中搅拌着锅里的矿渣。她衣裙上，双手上，留下了酸碱的点点烧痕。"孩子阅读时抓住"一吨""一锅一锅""终日""烟熏火燎"等词语，就能体会到居里夫人的辛苦和坚持的精神。同时，抓住"可能"二字，就能体会到她对科学的执着和努力。

3. 根据作者的写作目的理解句子的含义

每篇文章作者都有明确的写作目的，或揭露什么，或批判什么，或表扬什么，或突出什么。这样的情感体现在文章的字里行间，孩子在阅读时通读几遍文章，根据作者的写作目的去把握，句子理解起来就不再是难事。比如《白鹅》中有这样一句话："这样从容不迫地吃饭，必须有一个人在旁侍候，像饭馆里的堂倌一样。因为附近的狗，都知道我们这位鹅老爷的脾气，每逢它吃饭的时候，狗就躲在篱边窥伺。……鹅便昂首大叫，似乎责备人们供养不周。"虽然作者称鹅为老爷，但结合作者的写作目的，他并不是讨厌鹅，而是用一种幽默的态度体现了对鹅的喜爱之情。

4. 通过想象理解句意

很多孩子难以理解写景文章中的某些句子，此时，家长不妨指导孩子根据句子充分发挥想象，使句子描述的场景在头脑中形成一定的画面，这样就容易理解句子所表达的含义了。比如，《山雨》中有这样一句话："雨声里，山中的每一块岩石、每一片树叶、每一丛绿草，都变成了奇妙无比的琴键。飘飘洒洒的雨丝是无数轻捷柔软的手指，弹奏着一首又一首优雅的小曲，每一个音符都带着幻想的色彩。"家长可以先引导孩子将岩石、树叶、绿草等画在纸上，然后让孩子想象一下雨滴落在这些物体上的声音，便可以理解此句的美妙。

扩写句子

孩子要想掌握好句意，一个很好的办法就是学会扩写句子，比如下面的练习：

1. 燕子飞过田野。

2. 机器制造零件。

3. 春风吹动花朵。

在孩子看完练习后，家长可以尝试着给题目加上下面的几个括号：

1. （　）燕子（　）飞过（　）田野。
2. （　）机器（　）制造（　）零件。
3. （　）春风（　）吹动（　）花朵。

让孩子动手填一填，看孩子能想到多少个词语。比如针对"燕子飞过田野"这一句，我们可以说"黑色的燕子轻快地飞过绿油油的田野"。当然也可以说"轻盈的燕子忽高忽低地飞过广阔的田野"。

除此之外，我们还可以按照竖式的形式来进行扩句，比如：

教室里摆着课桌椅。

（什么样的教室里？）

_____

（怎样摆着课桌椅？）

_____

（课桌椅是什么样子的？）

_____

按照同样的规则，尽可能多地将问号补充完整。做一做这样的练习，相信孩子收获的不仅仅是动脑的快乐，同时，对句子的运用能力也会进一步提高。

学习文言文的方法

　　文言文记录着历史发展的轨迹,昭示着传统文化的底蕴,散发着人文精神的芬芳。它是古人思想智慧的结晶,也是传统文化的集中展现。孩子步入中学后,语文课文中的文言文也多了起来,中学生学习文言文,不仅可以提高语文素养,增强写作谋篇布局的能力,而且还能够增长历史文化知识,提高审美鉴赏能力。但是不少孩子在学习文言文的时候却犯了难:文言文太枯燥了,我真不知道该怎样做才能学好!

　　针对如何学好文言文这一个问题,山东省优秀语文教师陈鑫认为,文言文并不难学,关键是孩子需要多阅读一些古文作为基础,培养起文言文的语感;同时,还需要掌握一定的步骤和方法,这样才能解决掉很多孩子眼中的大难题。具体来说,方法如下:

　　1. 通读课文,读中自悟

　　俗话说:"书读百遍,其义自见。"孩子在学习文言文的时候,首先需要读准字音,知道如何断句停顿,读出句子的语气。然后,初步通读文言文，做到把语句读顺，读流畅。在读的过程中找出生字新词，自悟文意。这样，孩子就对文言文的内容有了一个总的认识和理解。

2. 画出节奏，初步理解

文言文与白话文在语言和叙述上存在较大区别，要理解文言文的意思，就必须掌握一定的节奏。只有画出正确节奏，孩子才能准确地理解文言文。因此，在孩子将文言文读过几遍后，家长就应让他们尝试着画出朗读的节奏。如"思援弓缴而射之"一句，正确的节奏应该是"思/援弓缴/而/射之"，这样这句的意思是想着拉弓箭去射它（它，指天鹅），意思比较明显。如果孩子不能够正确地划出朗读的节奏，家长应予以引导帮助。

3. 反复诵读，培养语感

孩子反复诵读可以结合录音、视频等方式进行，这既可以激发孩子的兴趣，又能提高他们对文言文的理解，积累语言材料，并增强语感。

4. 对照注释，解释文句

在孩子初步理解文言文的内容之后，可让孩子对照课文中的注释，揣摩句子的意思，独立解释文句。因为大多数比较难理解的字词的意思在课文的注释中都有。这样，孩子就能够较为流畅地说出文句的意思。在说的过程中，不必对孩子要求太严格，只要意思不错就可以。

5. 教学生学会使用工具书

要让孩子勤查工具书，孩子在预习新课时，除了看课文的注释外，遇到疑难问题还应自己查工具书，尤其要学会使用《古汉语常用字字典》，这是一项重要的能力。

此外，家长还可以和孩子编演一下课本剧，比如文言文《杨氏之子》《伯牙绝弦》《学弈》《两小儿辩日》等。孩子可以通过编演更好地了解课文内容，激发他们学习课文的兴趣。

结合语境揣摩字词

不管是实词还是虚词，其意义、用法总是在具体的语言环境中显示出来的，积累文言字词不要死记硬背，而应结合语境去揣摩。但是把串讲当成解释字义的根据，这种以偏概全的方法只会适得其反。

例如"至于劝善规过足矣"一句，课文下面注解为"能够做到规劝行好事，不行坏事就不坏了"。这仅是串大意，但孩子常据此对号入座地去释义，误以为"至于=能够做到""足=不坏"，这就脱离了字词的既定意义，造成错误理解。其实"至于"和"足"不解释也行。而若认为"劝=规劝"，就又脱离了具体语境，因为"规劝"与行善搭配不起来。这个"劝"是"劝勉"的意思，与"劝学"的"劝"同义。对翻译和字义的准确解释不加区分，很容易违背理解字义、词义的基本原则。

SQ3R读书法

很多孩子在阅读完一本书后，会有这样的困惑：为什么读完之后发现自己完全没有记住书中的内容呢？针对这个问题，美国教育家罗宾逊提出了"SQ3R"的阅读技巧，其中S代表"浏览"（Survey），Q代表"提问"（Question），3个R分别代表"阅读"（Read）、"复述"（Recite）和"复习"（Review）。这种学习方法叫作五步阅读法。孩子一步步地按照此方法进行阅读，有助于他们快速理解文意，记住更多信息并有效地复习。

具体阅读步骤如下：

1. 浏览

先把需要阅读的课文通读一遍，掌握课文的大概内容。浏览不一定是仅读一遍，而要以了解课文的内容或者主题为目的。比如，在通览的时候，孩子可以从以下几个方面着手。

浏览内容	注意事项	执行情况
章节	该章与全书的主题是如何配合的，该章与前后内容的联系	
章节页码	估计阅读该章节所需的时间	
章节论题	该章节分成几个部分，每一部分各表达了什么观点	
引言	每一章的开篇部分，从整体了解章节内容	
书中零散知识	黑体字、斜体字、短语、图标、图片、曲线	
阅读过程中的问题	将通览时提到的各种问题做简要标记	

2. 发问

在浏览的基础上已经明白了课文的内容，根据自己不懂的内容提问，使孩子将主要精力集中在理解需要澄清的问题上。

问题	举例
我已经了解的内容有什么？	每一章表达的意思是什么？ 我已经了解的书中信息是什么？ 主、副标题说明的内容分别是什么？
作者想告诉我什么？	为了证明自己的观点，作者举了哪些例子什么？ 作者回答的问题是什么？ 作者是如何证明自己的观点的？
我还没了解的内容是什么？	该章结束后还有哪些问题我没有弄懂？ 在读完这一章后，我依然有疑惑的内容是什么？

3. 阅读

在阅读时，要试着找出之前所提问题的答案。阅读时要一点一点地"啃"，一小节一小节地读，每读完一个小标题后的内容就停下来。如果内容不好懂，可以读一两段后再停下。

4. 复述

孩子读了一小节之后，需停下来尝试用自己的语言复述并回答问题，如果不能用自己的话简明扼要地复述中心思想，则需要再重新读一遍该部分的内容，直至可以把主要内容总结出来。当孩子将这一小部分内容攻克后，可以继续转向下一个标题，并就此标题再提出问题，按照上述方式进行。同样，应该在阅读、复述文章中心思想的过程中寻找问题的答案，然后再继续往下看。阅读的过程就是"提问—阅读—复述"循环往复的过程，直至读完整章。在此过程中，孩子对于书中的精彩内容需要做简要的笔记。

5. 复习

孩子读完一章之后，需要返回来再略看一下所阅读的内容或学习笔记，然后再进行复述和做小测验，检查自己的记忆情况。当然，父母也可以就书中内容出题目来问一问孩子，让孩子作答，以此来检验孩子的阅读效果。

找到文章思路的路标

一般来说，文章思路就像公路上的标志一样，在一些重要处或有变化的路段旁，必然会出现一些警示性的标记，以指示读者前进或思考。因此，想要提高自己的阅读能力，顺利地达到阅读的终点，我们就需要抓住书中的路标，这样，我们才能读得既快又好。

那么，哪些词语才是文章思路的路标呢？

这些路标可以分为三类。一类是指示你可以匀速安全行驶的词，你见到后可以放心地读下去。第二类词与此相反，它警示你前面可能会有新情况出现，需改变前进方向，阅读时注意随机应变。还有一类是指示关键句的路标。

（1）指示你快速直驶的词，在遇到后你可以放心地读下去。常见的词语有"同""与""和""同样""更是如此""此外""还"等。

（2）表示思路出现急转弯，提醒你改变方向的路标词有"但是""可是""然而""虽然""尽管""否则""相反""无论""无论如何"等。这些词都具有否定前面陈述的功效，告诉你前方引入一个与你读过的内容相反的意思。

（3）最后，我们熟悉一下指示关键句段的路标。比如"首先""目前""第一是""第二是"等，这些词语提示了关键句，往往是段落的要点。再比如，"所以""因此""因而""于是""从而""结果"等词语会提醒你注意，这个观点可能很有分量，也许是对先前许多思想的总结，说不定还是文章的中心思想。因此，当你看到这些词后，要格外留意，这段话也许是在总结整篇文章。

指导孩子找一找这些路标词语，是提高阅读速度和理解力的一种好办法。

积累作文素材

很多孩子一提起写作文就头疼，常常手握笔杆半个小时都写不出一个字。究其原因，就是他们大脑中装的素材太少了。所谓"巧妇难为无米之炊"，要改变这一写作现状，孩子就必须重视积累写作素材，只有在拥有了大量的写作素材之后，孩子在写作文时才能组合、加工各种素材，结合自己的想法写出一篇声情并茂、内容新颖、思想深刻的作文。

1. 从阅读中积累

（1）摘抄。指导孩子将阅读中遇到一些优美的语言、生动的事例、深刻的哲理摘抄下来。

（2）圈点。当孩子接触一篇新的文章时，可以在自己认为写得好的地方进行圈点，写出释词释义，予以批注，写上一两句对该段的理解和评价。这是最基本也是最常用的阅读方法。

（3）改写。读完全文后，可让孩子进行改写。比如给《皇帝的新装》续写结局；对短文的细节或局部进行扩写；还可变换人称改写课文内容。

2. 从生活中积累

生活是写作永不枯竭的源泉。面对瞬息万变的日常生活，如果孩子能仔细观察生活中的点点滴滴，生活中自然会有取之不尽、用之不竭的鲜活素材。

（1）家庭生活。指导孩子对家庭生活中的每一个细节随时记录，而每一次记录都要抓一个细节来写，比如桌上的饭粒，妈妈忙碌的身影等。这样随时记录一些生活中真实的细节片段，习作时就可以随时选取。

（2）学校生活。孩子的校园生活是丰富多彩的，学校组织的各种比赛、各种活动，都可以成为孩子的习作素材。

（3）社会生活。家长可带孩子到大自然中感悟自然界的绮丽风光，到其他地方体验不一样的生活，为孩子提供实践的机会。这样，由于孩子亲自参与了实践的全过程，有了真实的感受，他的作文就能达到"我手写我口，我口表我心"的效果，这也是作文的"魂"之所在。

3. 教给孩子观察的方法

作为家长，在指导孩子积累素材的时候，还应该教给孩子一些基本的观察方法。

（1）按一定的顺序观察。比如，空间顺序可以按照从到下、从外到内、从表到里的顺序；观察景物时，可以按照从局部到整体，从远到近等方法。

（2）抓住特点进行观察。家长可以指导孩子用提问的方式，针对事物的表面现象多想一想背后的实质内容。比如，去动物园看斑马，可以问一问孩子，为什么这种马叫斑马呢？孩子经过观察可能会发现，身上有斑纹是这种马的最大特点。那么，孩子在写作文时就可以抓住斑马的斑纹进行描写。

（3）调动五官，参与观察。在孩子每次观察时，要求孩子运用各种感官去认识事物。比如，带孩子去海边玩耍时，可以让孩子光脚踩一踩沙滩，用鼻子嗅一嗅海风，用眼睛观察一下海水的颜色，用耳朵听一听海浪声。只有多角度地去捕捉信息，孩子在写作时才能写出给人以身临其境之感的作文。

把句子写通顺

句子通顺，就是把句意表达明白，令人读得顺口。具体来说，句子通顺包含以下几个方面：

（1）用词要精准。比如："我们把门口的积雪消除掉了。"句中，积雪不能消除，只能清除掉。

（2）词语顺序合理。比如："正在花上，有几只勤劳的小蜜蜂采蜜。"这句话改成："有几只勤劳的小蜜蜂正在花上采蜜。"句子就通顺了。

（3）词语搭配得当。比如："马路两旁生长着种类繁多的树木和各种颜色的鲜花。"句中"生长"和"鲜花"两词搭配不当，应改为："马路两旁生长着种类繁多的树木，盛开着各种颜色的鲜花。"

（4）词语意思不能矛盾。比如："我断定他大概是王敏的表哥。"句中"断定"与"大概"矛盾，应删掉"大概"。

（5）正确使用关联词语。比如："只有天下雨，地才会湿滑。"下雨不是地湿滑的唯一条件，因此，应改为："只要天下雨，地就会湿滑。"

（6）句意应合乎情理。比如："博物馆里展出了两千多年前新出土的陶器。"说两千多年前新出土的陶器不合实际，应改为："博物馆里展出了新出土的两千多年前的陶器。"

仿写是写好作文的第一步

古人说，写作有三偷，"浅者偷其字，中者偷其意，高者偷其气"，"偷"即模仿，他们认为要想写好文章，首先需要借鉴前人的佳作，这样文章才能自然纯熟。对于孩子来说，仿写就像书法家、绘画者初学时的"描红"，是语言表达的"临帖"，作文创新的基石。仿写不仅可以降低孩子写作的难度还可以提高孩子的写作兴趣。

针对如何指导孩子仿写作文这个话题，一直奋斗在语文教学一线的舒世秋老师认为，只有让学生大胆地写，学生才会渐渐地熟悉写作文的各个环节，从而拉近与作文的距离，揭开作文的神秘面纱。因此，他建议孩子从以下几个方面着手进行仿写练习。

1. 仿写用词

有些课文用词很有特点，比如，《葡萄沟》这篇课文就用颜色词突出了葡萄的美，孩子在学过课文之后也可以尝试用颜色词突出事物的美，比如写一写苹果，写一写橘子；《笋芽儿》里面的拟声词很有代表

性，把春雨和雷公公的声音特点写了出来，家长也可以指导孩子用拟声词来写春天的声音。

2. 仿写句子

家长可以指导孩子专门练一练仿写句子，然后再对文章内容进行仿写。比如下面的例子。

（1）朋友是什么，朋友是快乐日子里的一把吉他，尽情地为你弹奏生活的快乐；

朋友是忧伤日子里的一股春风，轻轻地为你拂去心中的乌云；

朋友是（　　　　　　　）

（2）幸福是患难中心心相印的一个眼神，

幸福是妈妈一次粗糙的抚摸，

幸福是（　　　　　　　）

3. 片段仿写

比如对《富饶的西沙群岛》这一段进行仿写：

祖国的西沙群岛，是南海上的一群岛屿，是我国的海防前哨。那里风景优美，物产丰富，是个可爱的地方。

青龙峡是（　　　　）一处风景区。是一个山清水秀，（　　　　），五步一瀑，（　　　　）的景点。那里风光秀丽，风景如画，是个（　　　　）地方。

4. 结构仿写

很多孩子在写作时苦思冥想却不知该如何下笔，原因是他们不知道该怎样构思文章，包括怎样写开头和结尾。此时，家长不妨指导他们借助学过的课文走出困境。比如，孩子在学完《少年闰土》一课后，可以问一问孩子该篇课文是如何描写人物的。通过阅读不难看出，作者不但抓住了少年闰土的外貌、行为、语言等外在特点，还选取了典型事件揭示少年闰土的性格特点。之后可以要求孩子构思一篇写人的文章，比如，写一写妈妈的一些外在特点，借助生活中的事例来表达妈妈的性格特点，以及通过搜集到的一些素材来体现妈妈对自己的关心等。这样，孩子就可以条理清晰地组织作文语言。

5. 语言仿写

根据《我家的小猫》或《我的宠物狗》等文章来进行仿写。

最后，家长需要注意的一点是，孩子进行仿写时需要循序渐进，有针对性地进行练习，比如，某一篇文章写得好，可以进行全篇的仿写；一篇文章某一部分写得好，也可以进行局部的仿写。还可以仿写一篇文章的开头、结尾、重点段落、人物对话、肖像外貌等。这种单项的仿写，能够从多方面提高孩子的写作技能，提升作文水平。

从看图说话开始练习

在一项关于小学生作文情况的调查报告中显示，认为自己无话可说，思维单纯，无从下笔，基本功差，不会修改的比率分别为16%、73.3%、21.6%、11.6%和33.3%。从这个调查中我们可以明显看出对作文无从下笔是很多小学生普遍面临的问题。

想要孩子下笔千言，爱上写作文，除了鼓励孩子平时多注意观察外，从看图说话开始练习是一个非常好的选择，这是因为现实中的人物和场景是一个个活生生的图画，从看图说话中的静态图到现实生活的"动态图"，对于孩子来说是一个逐步提高的过程，这个过程有助于提高他们的写作能力和写作兴趣。

在指导孩子运用看图说话写作文的时候，我们可以问孩子以下几个问题。

（1）时间：图中画的是什么时间（或季节），你从哪儿看出来的？

（2）地点：图中画的是什么地点（或地方），你从哪儿看出来的？

（3）谁：观察人物的表情和穿着，人物在想什么呢？会说什么呢？有哪些行动呢？

（4）做什么：图中人物都在做什么呢？

简而言之就是4W（when，where，who，what），问孩子这几个问题后再，让孩子动笔写，你会清楚地发现孩子写出的作文不仅完整，还很生动。

修改作文的方法

清代学者梁章钜说过："百工治器，必几经转换而后器成。我辈作文，亦必几经删润而后文成，其理一也。"意思是说，制造器具，需要几经改造、千锤百炼，才能成器，我们写文章也是一样，需要经过多次修改和润色，才能写出好文章。

文章不厌百回改。古今中外的著名作家，都是对作品进行了无数次修改后，才写出了留给世人的伟大著作。俄罗斯大文豪列夫·托尔斯泰说过："必须永远抛弃那种认为写作可以不修改的想法。"据说，他的长篇巨著《战争与和平》改过7遍；我国文学巨匠鲁迅先生不足4000字的散文《藤野先生》改动的地方多达160多处。

可见，好作文是写出来的，更是改出来的。所谓"玉越琢越美，文越改越精"，文章只有经过修改，才能如老酒一样，越酿越醇。遗憾的是，很多孩子在拿到老师批改完的作文后，只是粗略地看一眼就束之高阁，因此作文水平也徘徊不前。

那么，孩子在写完作文后，该如何进行修改呢？

1. 朗读自查法

在孩子写完作文后，家长可以让孩子自己先大声朗读几遍。在读的过程中，孩子可能就会发现，自己存在漏字、错字以及各种病句等问题。对于这种读起来拗口、别扭的地方，就暂时停下来自己查找一下原因，改正之后继续往下读。有一个孩子在用此法修改作文时，这样写道："一进校园，我首先看到的就是那座富丽堂皇的假山。"他在朗读这个句子时，总觉得不通顺，但又找不到问题，后来通过查字典，他发现富丽堂皇不应该修饰假山，改用"造型新颖"更加合适。修改之后，他又读了一遍，感觉句子通顺多了。

2. 时间冷却法

不少孩子都有这样的体验：在写完一篇文章后往往发现不了什么问题，觉得自己写得不错，但是得分却很低。当时把这篇作文扔到一边，几周过后再拿出来翻阅，竟能发现不少写作问题。这是因为，经过了一段时间的阅读或者经验积累，写作水平得到了提高，所以再修改以前的作文，就能发现不少错误，修改起来也会有不少创新。

3. 佳作参考法

在平时的时候，孩子还应该多读一读名人佳作，注意多多积累好词、好句以及好的写作手法，这样才能不断地取得进步。

4. 列表修改

针对孩子常见的作文错误，家长可以指导孩子列出表格，以表格的形式进行修改。如下表：

某某作文修改参照表		
修改项	修改内容	其他同学的补充
1. 是否有错别字，用笔圈出并改正		
2. 是否有用错标点的地方，用笔画出并改正		
3. 是否有病句，加以改正		
4. 把你认为写得好的句子用波浪线标记出来		
5. 朗读自己的作文，用笔画出觉得不顺口的词句，加以修改		
给自己打分：		

"三分文章七分改"，孩子在写完文章后一定要好好地修改一番，只有这样，文章才能变得更加完美。

如何写好作文开头

苏联著名作家高尔基说过这样一句话："开头第一句是最困难的，好像音乐里的定调一样，往往要费很长时间才能找到它。"这句话恰如其分地说明了文章开头的重要性和难度。因此，我们应该多花点时间、多动点脑筋，写个好开头，这样才能牢牢地吸引读者，使其必读之而后快。

一般来说，好的作文开头方式有以下几种：

1. 落笔就直接点题

好的文章开头应该做到开篇紧扣中心，落笔点题，即所谓的"开门见山"。举例来说，就是文章的开头要交代事情发展的原因、自己的主题等。

2．用设问吸引读者

如作文《我的班级》的开头："一个卫生环境脏乱差的班级，真的变成了学校的文明班？是的，这真令人吃惊……"

3．描写景物

写作时可以以时间、季节、风雨雷电等作为开篇描写，衬托人物心理或者渲染气氛等。特别注意的是，在写人叙事的记叙文中，应围绕着写人的主题有重点地进行景物描写和环境渲染，以防喧宾夺主。

4．交代时间、地点、人物或事件

如《捉虾》一文的开头："一个星期天的早晨，我和小铭拿着小盆，拎着小桶来到一条河沟处捉虾。"这个开头，只用一句话就把很多内容交代清楚了，很简练。

第九章

八大方法学数学，让孩子越学越简单

数学被称为"思维的体操"，是一门深奥而又有趣的学问，在各个领域都能发挥重要的作用。有很多孩子觉得数学很难学，其实关键是他们没有掌握学习的技巧。如果找到合适的学习方法，就一定能攻克数学，感受到它无穷的魅力。

数学学习要从理解概念开始

对于很多孩子来说，数学是比较有难度的一门课程，它不仅需要孩子对概念、公式等熟记于心，还需要孩子在掌握基本概念的基础上提升逻辑思维能力、数学运算能力以及综合解题能力等。

可以说，数学是依据一整套的基本概念、基本公式等来运转的。因此，正确地理解和使用概念，也是掌握数学基础知识、打好数学基础的前提。

今年读初三的陈然然同学是班里的尖子生，但他刚上初中时数学一直是弱科。他说："以前我在学数学时，经常为了一道题而百思不得其解，因为整个解题过程每个步骤都没什么错误，但最后的结论就是不对。最后我才发现，我在最初的概念理解上出现了偏差。后来我在学数学时，就特别重视对概念的理解，而我的数学成绩也开始不断提高。"

孩子要想透彻地理解数学概念，首先要从掌握数学语言开始。数学语言的基本特征就是准确、精炼、严密。尤其是"字母表示数"的应用和"数学的符号化",更使数学语言从本质上区别于生活用语,具有更加简洁、抽象的特征。比如:只有当a≠0时,才能由ax=b得到x=b/a;大于5的数字有无穷多个,却可以简明地表示为x>5;等等。那么,怎样才能读透数学语言,深刻地理解数学概念呢?

1. 理清概念之间的联系与区别

数学概念不是孤立的,概念与概念之间存在着一定的纵横联系。孩子可利用概念之间的横向并列关系对概念进行区分。利用纵向从属关系来对概念进行归纳,明确概念之间的联系和区别。

概念	举例
概念的引入	通过推理、实物、挂图等直观地引入
概念的联系	通过"平行四边形"引出"矩形""菱形""正方形"等概念
概念的类比	类比分数概念引入分式概念,类比方程概念引入不等式概念
易混淆概念	方根与算术根,角平分线与内角平分线,轴对称与轴对称图形

2. 认真推敲数学语句中的附加成分、关键词等

比如,只有满足"无限"和"不循环"这两个条件,才是无理数。数轴的定义受"原点""正方向"和"单位长度"三个要素的限定,如果丢掉了其中一个要素,孩子在做关于数轴概念的数学题时就会出错。再比如,一些同音近义词,如"连接"与"联结"、"和"与"或"等,很容易混淆,孩子在学习时除了开口背一背外,还需动手做一做、画一画,仔细辨析词意,准确地领悟数学含义。

3. 对数学概念进行练习应用

要熟练地掌握数学概念，孩子一定要在反复的实践练习中才能完成。因此，孩子在学完某个数学概念后，一定要采取多种实践方式进行巩固记忆。比如，做课后习题、做数学试题，在解题的过程中灵活地运用概念，培养自己的运算、作图和推理能力。

比如，在学完矩形、菱形、正方形的概念以后，孩子就可做以下练习：

下列命题正确的是：

（1）四条边相等，并且四个角也相等的四边形是正方形。

（2）四个角相等，并且对角线互相垂直的四边形是正方形。

（3）对角线互相垂直且相等的平行四边形是正方形。

（4）对角线互相垂直平分且相等的四边形是正方形。

（5）对角线互相垂直且相等的四边形是正方形。

（6）对角线互相垂直平分的四边形是正方形。

根据不同概念的特点，孩子适当地加以运用，便可将数学概念掌握得更加牢固，这就为他们今后进一步学习数学知识打下了扎实的基础。

数学家欧拉小时候的故事

欧拉出生在瑞士名城巴塞尔。他的爸爸是位酷爱数学的神甫，他的书房满满当当的全是数学书！从小欧拉懂事开始，爸爸只要有空，就会把他抱在大腿上，给他讲各种有趣的数学故事。

在爸爸的带动下，小欧拉每天放学一回家，就去爸爸的书房找数学书读，每次都废寝忘食。一天，他偶然看到了德国数学家鲁道尔夫的《代数学》，刚读几页，就被书中的内容深深地吸引了，他边读边思考，结合弄懂的那几页知识，试着做了几道练习题。遇到问题时，他总是做好符号，去问老师或者爸爸。他越学越深，直到后来，有些问题连老师也答不了了。

不久，欧拉打听到当地有一位学识渊博的数学家，名叫约翰·伯克哈特。于是，在一个星期天的早晨，小欧拉手捧《代数学》，敲开了伯克哈特的门。伯克哈特吃惊地问："这本书，你能读得懂？"欧拉点点头，随即又摇摇头，说："能懂一些，不过还有很多不明白的问题想请教您呢！"伯克哈特不敢相信。他翻开书指着一道代数题，让欧拉来解答。欧拉看了一眼，立刻拿起笔在纸上飞快地计算着，不一会，他便有了正确答案。

从此，伯克哈特收下了这位还在读小学的弟子，他不但耐心地解答欧拉的每一个问题，而且还旁征博引地给欧拉讲述了许多代数学知识。在伯克哈特的指点下，13岁的欧拉通过自己的勤奋自学，以优异的成绩考上了著名的巴塞尔大学。

注重解题过程

很多孩子在做数学题时，觉得有些题目反正自己也会了，就省略了解题过程，只写一个答案。这样做的后果是，一旦答案出错，孩子就难以通过解题过程看出错在哪里。还有的孩子，在做题的时候，不求甚解，对于解题方法非常生疏，只求结果正确。

以上两种忽视做题过程的做法都是不正确的。以优异成绩考取北京大学的陈浩然同学在回顾数学学习经验时，这样说道："做题时，我觉得注重过程是非常重要的。以数学为例，我高考时发挥得比较理想，我认为与我平时的做题习惯有着很大的关系。数学的评分标准很细致，是以解题过程为主，按步骤给分，细化到每一分怎么给，对什么情况、给出什么式子、得到什么结果，都有详细的要求，所以我们除了保持一定的练习量外，更要注意解题过程，多总结、多思考、多注意，过程注意到了，结果也就正确了。"

那么，具体来说，家长该如何指导孩子呢？

1. 记好思路

在开始写步骤之前先整理、记录一下解题思路。比如选择题、填空题，虽然只需要填写一个答案，但演算过程也尽量让孩子写在草稿纸上，这样可以帮助他们理清思路，防止在细微处出错。

2. 做题一定要认真仔细

重视解题过程中的每一步，不能只求速度和数量而不求质量。很多时候，仅仅因为一个标点，题目的解答就会发生很大的变化。另外，还要看清计算单位以及数学符号。

3. 一题多解

对于那些认为题目简单而忽略解题步骤的孩子来说，家长不妨让他们做一做一题多解的题目。即从一个问题出发，根据所给条件，突破固有的解题思路和思维定式，去寻找不同的解题方法。比如，一个榨油厂用0.1吨油菜籽可以榨0.025吨菜油，照这样计算，用4吨油菜籽可以榨油多少吨？解法一：$4 \div (0.1 \div 0.025)$，先求每吨菜油需多少菜籽，再求出4吨里有几份，从而求出问题答案。解法二：$(0.025 \div 0.1) \times 4$，先求每吨菜籽能榨油多少吨，再求4吨菜籽能榨油多少吨。解法三：$0.025 \div (0.1 \div 4)$。

4. 做后要反思

孩子做完题目后一定要认真地思考一遍，重新审一遍题目，回想一下自己在做题中遇到的困难、此题用到的公式、概念以及解题过程中容易出错的地方等，然后再总结反思一下，此题考察的重点是什么，稍加变化后，题目还能变成什么样。经过这样的反思和总结，才能将知识融会贯通、触类旁通，达到做一道题会一类题的目的。

华罗庚巧解题

我国著名数学家华罗庚曾在传统逻辑题的基础上改编过这样一道启发儿童智力的题目：

一位老师让三位学生看了一下事先准备好的5顶帽子：3顶白色的，2顶黑色的，然后让他们闭上眼睛，他替每个学生戴上一顶帽子，并藏起其余2顶，之后，让学生睁开眼睛各自说出自己戴的帽子的颜色。3人互相看了一下，有点为难，继而异口同声地说自己头上戴的是什么颜色的帽子。那么，这三位同学是怎样得出答案的呢？

此题判断中可能出现这样三种情况：（1）两黑一白；（2）两白一黑；（3）三白。如果是第一种情况，戴白帽子的学生一看便能说出自己戴的帽子的颜色，而实际上三人睁眼互看了一下，踌躇了一下，没一人马上说出，这表明不是第一种情况。

那么再来推测第二种情况，如果其中有1人戴黑帽子，另外两人必定会立刻说出自己戴白帽子，而不会显得为难的样子。所以，这种情况也不符合。

那么，经过排除后，答案是第三种情况。因为三人均为难，说明谁也没有看见有人戴黑帽子。于是，3位学生才会异口同声地说出自己戴的是白帽子。

理解题意的方法

应用题是数学学习中的重点，可有些孩子解题能力很差，一提起应用题就头疼，考试失分都在应用题上。究其原因，主要是这部分孩子不理解题意，不会利用题目中给出的条件解题。

要想解答应用题，孩子第一步需要理解题意。理解题意就是理解应用题的题材和内容，讲的是一件什么事情，事情的经过是怎样的，给予了哪些条件，问题是什么。在这个基础上，再进一步分析题目中的数量关系，从而正确解答。

那么，孩子该遵循什么样的步骤和方法，才能正确理解题意，轻松作答呢?

1. 读题

读题是第一步。读题时要逐字逐句，反复仔细，做到读得准，即不漏字、不添字、不破句;读得好，即关键词句加重语气;读得懂，知道情节及数量关系。把题中的条件和问题都读清楚，下一步才能解题。

比如有这样两道题:

(1)果园有苹果100千克,用去1/4,还剩多少千克?

(2)果园有苹果100千克,用去1/4千克,还剩多少千克?

上述两题仅有两字之差,题意却完全不同,解法和结果自然也不同。如果不认真读题,粗心的孩子肯定就会解错。

2. 细画符号

会读题并不等于就理解了题意,有的同学虽然把题读清楚了,可是题意却没弄清楚,这样还是不能解题,怎么办呢?

为了理解题目中每个词语的含意,可以指导孩子在题中画画点点,画上各种符号。比如,用"| |"把应用题的条件与问题分开,用"—"把已知条件断开,用"·"表示关键词语等。这样画一画、分一分、点一点,就可以加深孩子对题意的了解。

3. 复述题意

让孩子复述题意可以检验孩子是否真正弄懂了题目的意思。复述不等于背诵,可以变动字词,也不必要求说出具体的数目,但是题目的意思一定要说清楚。比如:"买铅笔和练习本用去 6 元 2 角,铅笔 5 元,1 本练习本的价格是 6 角,买了多少本练习本?孩子可以这样复述题意,买铅笔和练习本一共用去 6 元 2 角,其中买铅笔用去 5 元,又知道 1 本练习本的价格是 6 角,求买了多少本练习本。"如果孩子这样复述,说明他已经弄懂了题意。

4. 补充题目

有些题目在表述时，往往会采用省略性的语言，而孩子在审题时就要注意把这些省略的语言补齐，从而明确事理和知识的隐含关系。比如："一个房间有20个人，出去3/4，出去了多少人？"在审这道应用题时，孩子读完题后，就要把题中省略的"出去（ ）的3/4"在括号里补上"房间内人数"。这样补充后，题目就显得更完整、清晰了，再解答也变得容易了。

5. 画图

在解应用题，特别是一些技巧性比较大的题时，如果不认真思考，是很容易做错的。这时家长不妨指导孩子先根据题目条件画一画图，这样方便孩子理解题意，正确思考并进行解答。

丢番图活了多少岁

古希腊数学家丢番图，被人们称为"代数学之父"，他去世后，墓志铭对他的生平进行了这样的记载："坟中安葬着丢番图，多么令人惊讶，它忠实地记录了他所经历的道路。上帝给予的童年占六分之一，又过十二分之一，两颊长胡，再过七分之一，点燃起结婚的蜡烛。五年之后天赐贵子，可怜迟到的宁馨儿，享年仅及其父之半，便进入冰冷的墓。悲伤只有用数论的研究去弥补，又过四年，他也走完了人生的旅途。"

你知道丢番图活了多少岁吗？

答案：84岁。

把课本上的例题重做一遍

如果家长细心观察不难发现,孩子的数学试卷中有许多试题都源于课本的例题,或对例题进行简单改造。比如,把原题的结论作为已知条件,把原来的已知条件变成新题目的问题;或者不直接给出已知条件,而是用委婉的方法列出已知条件。即使是综合题,也是由若干个基础题整合加工而成。可以说,孩子吃透了例题,就等于掌握了某个概念和公式。

而很多孩子在学数学的时候并没有意识到例题的重要性,他们觉得考试不会考例题,例题没多大作用,结果不仅难题解答不了,最基础的题也不会,考试成绩可想而知。所以,对于那部分数学基础不扎实的孩子来说,最简单、最有效的学习方法,就是紧紧抓住课本中的例题。

既然课本上例题有如此重要的作用,那么家长该如何指导孩子整理例题呢?

1. 准备一个专门记录例题的练习本

在孩子学到新知识，遇见新例题之后，家长可以指导孩子认真地将例题抄写到练习本上，边抄还要边思考，回忆一下刚学过的概念、公式或者定理，想想例题给出的条件，思考一下自己有没有什么解题思路，看看该如何将已经学到的知识应用进去。有了这样的思考步骤，孩子才能凭借自己的能力去解题。

2. 做过例题之后要翻开书进行校对

孩子做过例题之后，家长还要指导他们再翻开书进行校对，对比一下自己的解法与例题的解法有哪些不同，看看有没有漏掉什么步骤，解题过程是否和书本上的一样严谨。如果过程和结果完全一样，为了帮助孩子提高演算和推理能力，家长不妨再问问孩子，解题过程用到了哪些概念和公式，以帮助他们更深入地理解题目。

3. 在题后最好写上自己的解题心得

解答、校对之后，家长还可以指导孩子在题后写上自己的解题心得，比如，写上自己这样解题的原因，这道题用到了什么概念、公式，这道题有什么特点，与之前的题目有什么联系和区别，自己的思考方法是什么，在什么地方犯了错误，有没有漏掉必要的单位、符号，以后解题应该注意什么问题，等等。这些解题心得有助孩子对题目进行思考，也能帮他们抓住例题的细节。

4. 从同类型题目中进行反复练习

很多练习题、考试题可能都是根据例题演变而来的，而要能熟练应对各种演变后的题目，孩子就要学会从例题中举一反三。在孩子做过例题之后，家长可指导他们再找一些相同类型的题目来进行练习，以提高解题的熟练程度。之后，再将这些题目与例题相比较，找到这些题目都在哪里出现了变量，哪里和例题不一样，哪里又和以前的知识有联系。最后还要进行归纳总结，看看由这一道例题可以衍生出哪些方面的题目来，并在练习本上记录下题目类型，方便日后回忆。

5. 改偏例题

孩子可以自己去改编例题，比如将问题当成条件，然后反过去推理解答；或者将某个条件改变，也可以运用以前学过的知识解答。这样的编题过程有助于增加孩子对例题的理解。

考试遇到难题怎么办

考试时，遇到难题该怎么办呢？不妨指导孩子按照下述步骤做一做。

1. 回想

题目涉及什么主要概念？它的定义是什么？与题目求解有关系的公式、定理又是什么？回想一下在你自己的知识仓库里，是否储存过这些定义、公式、定理？能否直接运用这些定义、公式、定理？

2. 联想

如果直接套用现成知识解决不了问题，就必须进行联想。根据题意，在你的知识仓库里找出与题目很接近的或很相似的原理、结论或命题来，并变通使用这些知识，看能否解决问题。

3. 猜想

如果经过联想仍然解决不了问题，不妨进行大胆猜想。如果你不能找到解决问题的途径、原则和方法，就要去选择一些虽然不能完全正确地去解决问题，却接近于解决问题的途径、原则和方法，这就是提出猜想。

4.将难题打回原形

难题一般是在每种题型的最后，从根本上来说，难题之所以难，就是因为不常规，如果能将特例变为常见题型，便离突破口不远了。看到难题后确定题目的出题点，将它打回原形，然后思考一下与自己以前做过的题目中的哪些是类似的，抓住相同点不放手；若是还有难点，再继续打回原形。等考虑好所有条件后，用自己已掌握的知识就可以做个大概了。与此同时，要"步步紧逼，分分不丢"。当然，这也有效地避免了你做不得分的无用功，可以节省宝贵的考试时间。

细心做题，提高做题效果

美籍匈牙利数学家波利亚说过，学习数学意味着解题。可为什么孩子做了很多题后，还是收效甚微，成绩提不上去呢？这说明做题不仅仅是单纯的数量问题，质量也同样重要。天津市高考文科状元王璇说："要讲做题质量就要说到方法了。方法得当，你做一道题相当于别人做三道题。无方法，你做了三道题最多相当于别人一道题。效果差别是非常明显的。"

那么，怎样才能提高做题的效果，实现"一道题顶三道题"的效果呢？

1. 认真读题，细心审题

读题是做题过程中非常重要的一个环节，题目只有读得懂，才能打开解题思路，读题时要分为三步。

（1）通读。就是要一字一句将题目中所有的内容读一遍，读的过程中在草稿纸上简单列一下已知条件和所求问题，帮自己理清思路。对于那些似曾相识的题目，不能掉以轻心，要做到准确把握题目的含义。

（2）重点读。就是在通读的基础上，结合问题，用笔圈出题目中的关键词语，比如"倍数""除以"等解题信息，很多题目只有一字之差，孩子没看清楚就容易出错。

（3）记录。在孩子做完上述两个步骤后，可以让孩子记录一下解题思路，即在已知条件的基础上先做什么，再做什么，解题过程中要注意什么。

2. 步骤要清楚

考试时，一些计算题、文字题、证明题都是按步骤给分的，因此这就要求孩子在平时做题时就要做到书写规范，步骤清晰，不能因为节省时间而有意忽略某些步骤。

3. 争取一遍做对

争取一遍就做对是一种好习惯。这种习惯可以在考试时发挥很大的作用。我们知道，考试时间有限，很多孩子做完题目后很难再有时间回头检查，所以平时做题时，努力做到一次成功，对提高自己的准确率和做题信心来说非常关键。

4. 做题做到熟练

很多孩子在学习的过程中，仅仅满足于"这题已经做过了""我对此题已经懂了""此题我没出错"，而很少再去想一想："这道题目理解得深不深？""做题的准确率如何？""做题过程中有没有遇到困难？"因为缺乏这样的自问，对于很多熟题，孩子依然会一错再错。

因此，为了提高解题能力，孩子就要在保证准确率的基础上，做题做到熟练。

5. 答题要规范

很多孩子每道题都会做，但是得分却不高，主要原因是他们答题时不规范，思维不严密，平时做题不注重总结。对于这部分孩子来说，不妨将每次作业当作考试，或者平时多做一些练习题，自己检查，检查的过程中要自查一下计算是否严密、书写是否规范、步骤是否严谨，改掉不规范的做题习惯。只有经过这样的改正过程，孩子才能在会做的基础上得高分。

6. 认真检查

很多孩子做完题目后，就觉得万事大吉，并没有养成认真检查的好习惯。所以，建议这部分孩子在做作业时就要做到一题一检查，检查答案是否正确，检查有没有遗漏步骤，检查解答是否合乎要求，养成自查的好习惯，才能避免做完题目后错误百出的情况。

检查的八个法宝

现在的考试，特别是关键性的考试，往往题量大，能给孩子分配做每一道题目的时间是有限的，这样孩子在做题的时候就难免会有疏漏。所以做完题后的检查工作就显得格外重要。

1. 结果代入法

即将结果带入原题，逆向确认是否可反向求解出原题所给的已知量，这是一种最普遍的检查方式。

2．试题重做法

孩子在计算完结果后，可再按照审题、做题的过程将试题重做一遍，如果两次结果一致，则题解一般不会出错。

3．稳步检查法

这一步也是从审题开始检查，一步一步地对做题步骤进行检查。此方法虽不能发现一些根本问题，但可以避免一些计算和表达上的错误。

4．正反结合法

这种检查方式分两种途径：一类检查解题过程中有没有丢步骤、漏答案，解题出错；另一类则是检查解题思路和解题方向是否正确。

5．引入条件法

这种方法是从解答条件入手进行分析，看看所得结果是否符合题中所给条件。

6．专拣"粗心点"法

这种方法是在时间紧张的情况下，专门检查自己平时容易出错的问题。

7．多变检查法

这种检查方式取决于时间的多少。如果时间充足，可一一检查；如果时间不多，则可以先检查自己把握不准或者分数较多的试题。

8．比照检查法

对于选择性试题，可将题号与所选答案进行一一对照，避免错填或者遗漏。

提高运算的准确率

经常有家长反映说："孩子计算时经常出错是令自己很头痛的一件事情。"孩子不是不会计算，完全是因为粗心才出错。这种现象到了高年级后更加突出。比如，有的在列竖式时，把横式中的数字搬错；有的在加减法计算中不是进位数没加，就是退位数没减；有的乘法做成加法；有的相乘的数字前后混淆……

运算几乎贯穿于数学解题的全过程。要解答一道题目，通常都要经过分析、整理，最终通过计算来实现。在运算过程中，孩子所使用的概念、公式、法则和表达结果都要准确无误，这样才能保证运算结果准确。

那么，在面对那些一不小心就做错了题的孩子时，家长该如何指导他们提高运算的准确率呢？经验丰富的中学教师给大家提出了以下几点建议：

1. 强化知识的积累

运算是在已有的概念、公式、定理、法则的基础上进行的，很多孩子在做题时运算准确率低，往往都是由于概念掌握不准、性质法则相互混淆、错误知识积累太多所致，比如，3.5与1.5的和除它们的差，商是多少？有很多孩子列成：（3.5+1.5）÷（3.5－1.5）。这就是没有弄清楚"除"和"除以"的区别。所以，家长要指导孩子经常回顾已经学过的旧知识，加强新旧知识之间的联系。对于一些经常出现的错误，孩子每天上完课后都要利用几分钟时间对这些易错点、易混点进行回顾，强化记忆，防止遗忘。

2. 养成良好的运算习惯

很多孩子在做题时运算错误，大都是因为粗心，比如看错题目、书写潦草等，致使运算的正确率大大降低。这就需要他们平时严格要求自己，看题时提醒自己认真仔细，运算后还要自觉检查、演算，发现错误要马上改正。另外，对于那些平时不写公式、通过默算来处理却又失误频频的孩子，家长一定要先让他们养成笔算的习惯。等他们感觉自己已可以进行无懈可击的笔算时，再过渡到默算这一阶段。

3. 加强口算训练

口算是笔算的基础，笔算技能的形成直接受到口算准确和熟练程度的制约。因此，家长可在孩子放学后利用"口算游戏"加强口算训练。家长准备好口算题目，孩子说得数。这样的游戏富有乐趣，可在锻炼孩子口算能力的同时激发他们的学习兴趣。

4. 培养孩子耐心检验的习惯

要求孩子在计算时做到百分之百的正确是不太可能的。为此，家长应该注重培养孩子认真检验的好习惯。把检验当作计算题不可缺少的重要环节。比如，孩子在解好方程后，一定要把答案代入原方程进行必要的验算，力争使正确率达到100%；在竖式计算中，可要求孩子边计算边验算，而且尽量用逆运算来检验，这样做既可以有效预防孩子的厌烦情绪，又可以提高计算的正确性。

巧玩扑克牌游戏

美国耶鲁大学博士王甘说，家长与孩子在一起玩扑克牌，对开发儿童的智力而言大有裨益。

那么，我们该怎样改造扑克牌，培养孩子对数学的兴趣呢？

1. 加减法：训练心算能力

家长随机抽出6张牌，让孩子将牌面上的数字加起来，看看能不能算对结果。当孩子熟练掌握游戏规则后，可逐渐增加难度，家长再随机抽取更多的扑克牌，让孩子在有限的时间内算出得数。

2. 变组合：增加对数字的理解

数字可以由不同的数字组合而成，比如6可以分成3和3，也可以分成2和4，还可以分成1和5。家长在和孩子玩扑克之前可以制定一个规则，选出一个基本数字"10"，游戏时家长打出一个"2"的扑克牌，看看孩子能不能拿出一个"8"的扑克牌。

3.排顺序：培养孩子对数字的敏感度

比如，妈妈以点数8的牌开始，让爸爸和孩子依次按照由大到小的顺序打出7、6、5……如果孩子手边没有可出的牌，则换另一个人出牌，最后谁先将手中的扑克牌出尽，谁就赢。

正确利用习题答案

学习数学，做一定量的练习题是必不可少的。在做题的过程中，很多孩子能够认真地研究题目，总结思路，成绩有了很大的提高。然而，还有不少孩子，在做题过程中，脱离不了答案，做一道题看一下答案，对了沾沾自喜，错了垂头丧气。还有一部分孩子对自己的答案不自信，感觉自己没有抓住要点，从而求助于参考答案，直到看到参考答案才放心。其实这些做法都不能充分发挥参考答案的作用，不利于孩子答题能力的提高。那么，如何做才能有效发挥参考答案的作用呢？

1. 不要先看答案后做题

在平时的学习中，很多孩子做了不少课外练习题，但并没有起到良好的效果，而且往往是那些做过的反而更容易错。其中很大一部分原因，跟孩子一遇到题目就翻看答案有关。这部分孩子，每次读完题后，立马翻看答案，一看答案跟自己想的差不多，就认为这个题目已经掌握了，或者碰到综合题懒于思考，一看答案恍然大悟，结果合上答案照样出错。这种本末倒置的方式只能带来学习上的低效率。我们知道平时的数学练习重在提高孩子的思维能力，提高孩子对知识的理解，而只看答案却忽略过程只会让人得不偿失。正确的方法是：先审题、做题，在理清解题步骤，得出答案要点后，再结合参考答案分析自己的得与失。

2. 要注重分析参考答案

参考答案最大的价值在于体现了题目的数学逻辑。所以孩子在使用参考答案时不能仅仅满足于"答案对了"或者"答案错了"这单一层面，而是要对答案进行系统的分析，想一想题目涉及哪些知识，解答该题时应从什么地方入手等，这样才能实现对答案利用的最大化。

3. 要能够完善参考答案

各种参考资料的质量良莠不齐，因此答案也并非都是准确无误的。有的答案可能不完整，有的甚至可能是错误的，所以对于参考答案，孩子不能照搬照抄，而是要有一点怀疑精神，在做完练习题后，结合老师的讲解，看看自己的答案与参考书答案的不同之处，想一想参考书的答案是否还有不完善之处，取其精华，去其糟粕，使参考书的答案更加科学。

4. 要注意回归课本

参考答案可能很简略，却涉及知识体系中的很多内容。因此，孩子在分析参考答案时，可就此联想一下与之相关的知识点或内容，做到边看答案边复习，这样就能实现以点带面的高效利用。

如何挑选参考书

考虑到教辅书更新换代比较快,因此家长带孩子去书店买书时,应尽量多翻一翻,这样对于市面上的书就会有所了解。此外,还可以借助网络,通过浏览别人对参考书的评价来进行了解。

一般来说,选择参考书时应注意以下几个原则:

(1)新。看到书后先看第一版的日期,如果日期是两三年前的,则可以立即将此书淘汰掉。原因是市面上的参考书多如牛毛,新题型也层出不穷,因此其价值也比旧书大太多。

(2)看编者。现在很多参考书都以名师点评或者导读的噱头来吸引学生,但该"名师"到底水平如何,就不得而知了,因此,对于拿不准的,不妨问问老师,参考一下老师的意见。

(3)找当前需要的书。参考书应适时准备而非提前预备。比如,初三初期一般侧重知识的系统复习,选择参考书时可多找一些注重归纳类的书籍,这对于孩子整体把握知识结构有好处。而初三追踪后期则侧重对知识的熟练掌握和综合应用,此时,孩子可以买几本习题集做练习,做完后再准备几本,以防购买太多,因做不完习题而带来心理压力。

第十章

英语这样学，孩子越学越有趣

　　作为一种国际通用语言，英语已经成为我们与外界交流沟通的一种重要工具。然而，很多孩子看到英语就头痛，发音不标准，记不住单词，不敢开口说英语……之所以会这样，是因为孩子还没有掌握学习英语的方法。

记忆单词的几种方法

张晓璇是记英语单词达人。当其他同学问她是怎样记单词的时候,她这样说:"爸爸告诉我记忆的诀窍之一就是重复,但如果专门坐在书桌前一遍又一遍地重复记忆单词,未免有些枯燥,所以我都是随时随地记单词。在家里的时候,我看到什么就想'这个用英语怎么说'。比如,看到椅子,就想chair;看到苹果,就想apple;看到书本,就想book;看到洗衣机,就想washing machine……如果某个单词记了好几次仍没有记住,我就写一张小纸条贴在相应的物品上,每当回忆不起来的时候,就看看小纸条,慢慢就记住了。当我外出和爸妈旅游的时候,我看到树,就想tree,看到小鸟,就想bird;看到出租车,就想taxi;看到超市,就想supermarket……"

不难看出,张晓璇这种随时随地记单词的方式是非常有效的。那么,除此之外,还有哪些方式值得孩子借鉴呢?

1. 单词拆分法

这种方法是把一个单词分成几个词来记忆的方法。举例如下：

单词	拆分举例
believe	Be、lie
restaurant	Rest、ant
alien	A、lie
forward	For、war

2. 倒序记忆法

倒序记忆法，是将英语中的一些词汇倒过来写成另一个词，举例如下：

单词	倒序举例
raw	war
devil	lived
mad	dam
send	dens

这种记忆方式灵活有趣，家长和孩了还可以结合单词卡片进行，将单词做成单词卡片，然后让孩子倒过来读一读、记一记。

3. 口诀记忆法

这种记忆方式是把含有相同字母组合或发音相似的单词放在一起，变成口诀的记忆方式。因为朗朗上口，因此也是记忆单词的有效方式。比如:走出village,学好knowledge,通过bridge,走进college;请你不要lazy,认认真真study,一切都会easy。再比如:有一个chick,羽毛很thick,一肚子trick,跳桌上lick,把米饭pick。

4. 归类记忆法

运用音节分类印象法,即把含有相同字母组合的单词集中在一起。比如,night、height、eight这三个词,都有相同的词缀"ight";father、mother、brother、either这四个词,都有相同的词缀"ther";populous、population、populate这三个词,都有词根"popul",然后分别与形容词后缀"ous"、名词后缀"ation"、动词后缀"ate"组合构成。

5. 用意义分解法拆单词

像汉字一样,英语单词也有很多是合成词,如snowfall(下雪)、playground(操场)、greenhouse(温室)、football(足球)、basketball(篮球)等。对于这一类的单词,家长可以指导孩子将其拆分成两个或两个以上的熟悉单词,从而达到快速记忆的目的。比如,playground这个词,可以分解成"play"(玩)和"ground"(场地);greenhouse一词可以分解为"green"(绿色)和"house"(房子);basketball一词可以分解成"basket"(篮子)和"ball"(球);等等。如此一来,孩子就可以通过熟词来记忆生词了。

生活处处是单词

当孩子感到背诵单词枯燥乏味时，不妨试一试下面的几种方式，它可以帮助孩子轻松、快速地积累单词。

1．收集生活英语

通过剪纸、摄影、摄像等方式方法，收集生活中随处可见的英语，利用每节英语课的1~2分钟时间，大声朗读英语课文，坚持每天一句日常用语。

2．在句型操练中巩固词汇

孩子可以利用课前的3分钟与同学开展Free talk活动，对话内容可以是课本中的内容，也可以随意发挥。

3．发挥联想

在孩子学习了一些词汇之后，就可以将新学的知识与已学的知识联系起来。如学习apple一词时，可联想和它有关的单词，如pear，banana，orange等。又如学习动词watch时，可将它与look，look at，see等词或词组进行相关联的比较。这种方式可以让孩子达到学习、复习、记忆词汇的多重目的。

4．猜词游戏

把单词写到小纸条上，并把它们放到一个空盒子里。然后可以和父母或者同学玩一玩这样的猜词游戏：家长从盒子里摸出一个纸条，然后表演给孩子看，让孩子说出英文单词并拼写。

提高英语口语水平

朝阳小学三年级二班的张力同学是班里的英语课代表，每次英语考试，张力的英语成绩总是排年级第一。原来，这位英语小神童在学习方面有一个绝招，那就是每天抽时间练一练口语。

张力同学在班级英语学习交流会上说："每天上完英语课后，我回到家中便打开录音机，放上课本配的学习磁带，跟着录音机读。当录音机读完一个句子后，我便按一下暂停键，自己念几遍，接着再继续听录音。听完后，再按一下快退键，重复地听、读、说。同时，我会把自己的读音录制下来，跟原声对比着听，几遍下来，我就能标准、熟练地读出句子了。"

张力同学说，经过这样的口语练习，他的成绩有了显著的提高。将读音读准了，在做听力练习时就很少出错；将句子的语调等读准确了，就可以提高自己的语感；将单词与句子弄明白、弄透彻了，英语成绩不怕上不去。

然而，很多孩子并没有张力这样的意识，他们仅仅满足于会写单词，会翻译课文。结果，虽然他们的英语成绩不错，却说不出一个完整的句子。这就是我们常说的"哑巴英语"。对此，孩子需要认识到英语是一种语言，是用来传递信息、交流思想的工具，学好英语已经成为时代和社会发展的要求。其次，家长要鼓励孩子克服说英语的恐惧心理，不要总认为自己的英语基础差、发音不标准，更不要怕说错。因为，如果不敢开口说英语，即使掌握了词汇和语法，也无用武之地。

事实上，孩子要想成为"英语口语达人"并不难，只要肯努力，并掌握科学的方法，就可以练就一口纯正、流利的英语，具体可以这样做：

1. 多听原汁原味的英文

我们大都有这样的体验：也许自己并未专门学唱一首歌，但是听得多了，自然就会哼唱了。甚至有时候，我们无意间哼唱的曲调，就连自己都不记得曾经在哪里听过。所以，孩子要想提高口语水平，就要多听原汁原味的英文。通过大量地听，一些英语单词、语音、语调就会融入他们的脑海中。等到开口说的时候，他们就能不假思索地脱口而出了。

2. 要大声地模仿

孩子要想提高英语口语水平，离不开练习，而大声模仿就是最有效的途径。家长可以指导孩子跟着录音带或CD模仿英语对话、小故事、文章，也可以跟着电影模仿一些经典片段。在这个过程中，要遵

循三步原则：

（1）模仿语音。

打开听力设备，刚开始模仿时一句一句地进行模仿。对于读不准或者陌生的单词要反复听几遍。听的过程中注意语速不能太快，力求发音准确。在听过几遍后，可加快语速，直到听懂。

（2）模仿词组。

经过第一步之后，孩子再模仿词组就容易多了。此时家长要告诉孩子有目的地去模仿，用心去仔细揣摩，将模仿标准提高到熟练度方面，注重模仿练习连续、同化等发音技巧。

（3）模仿段落及篇章。

听英语录音，由单词到句子，再到整篇文章的发音，这是一个由部分到整体的过程。在进行到第三步时，孩子需从语音和语调两方面进行再次纠正，直到关闭录音后，自己也可以开口说得惟妙惟肖。

3. 复述

对于口语较好的孩子来说，可以用英语复述听过的、阅读过的英语文章，也可以在原文的基础上，现场发挥，用自己的语音重新进行改编创作。而对于口语能力较差的孩子来说，可以先从复述原文的一两句话开始，然后再由少到多，也可以用原文的句型自己造句。时间长了，孩子的口语水平自然能得到提高。

4. 尽量创造说英语的环境

练习英语口语，一定要有说英语的环境。孩子只有置身于语言环境之中，才能收到良好的学习效果。因此，家长要尽量为孩子创造说英语的环境。比如，家长可以要求孩子用英语说一说学校里发生的事情，或者要求孩子用英语与父母进行简单的对话。家长也可以和孩子做一些与英语相关的游戏，比如看单词记忆比赛、1分钟小演讲、复述小故事……

很多孩子在练习口语的过程中或是害羞，或是怕犯错误，常常不敢开口说英语。事实上，英语口语能力可以说是在不断犯错误的过程中提高的。家长要告诉孩子今天犯错误是为了明天不犯错误，要鼓励孩子积极主动、大胆，克服害羞心理，利用一切可利用的机会讲英语，用英语和别人对话，如参加英语角、英语演讲比赛等等。这样，孩子的英语口语能力才能逐步提高。

串句子练习

英语句子是串起单词的绳，掌握英语句子不仅可以加深孩子对单词、词组的认识，同时也可以学到新的句型，提高孩子听说读写的能力。

对此，家长不妨指导孩子使用"两步法"来练习英语句子：

第一步：组词练习

不会组词的孩子很难写出正确的英语句子，所以对于那些英语基础差的孩子而言，进行必要的组词练习训练是非常重要的。比如，在孩子学完关于身体器官的单词后，孩子可以这样组词练习：a small mouth, two big eyes等。

第二步：造句练习

在英语造句方面，孩子可以通过简单的造句、扩句进行练习。以扩写句子为例，孩子可以这样练习：

There is a picture.

（1）There is a （　　　） picture.

（2）There is a （　　　） picture on the （　　　）.

除了上述练习方式外，孩子还可以请家长每天说五句中文，自己迅速在纸上翻译、书写出来，对翻译有误的地方及时修改，这样也可以起到学习、巩固英语句子的目的。

养成良好的朗读习惯

朗读是学好英语的一种重要方法。世界著名语言学天才修得曼精通多个国家的语言，他学会一门语言往往仅用三到六个月的时间，而他的主要学习方法就是朗读。古今中外的著名教育学者们也都对朗读的重要性有过精辟的阐述。在大约三千年前，孟子就提倡"诵其诗，读其书"，以背诵和朗读的方式来学习语言。

对于英语来说，朗读不仅可以培养孩子的语感，提高孩子的口语能力，还可以加深孩子对课文内容、语法结构、词组、写作手法的理解。所以，有经验的家长总是鼓励、指导孩子朗读课文，培养孩子的朗读能力，以使他们通过朗读收到事半功倍的学习效果。那么，朗读课文有什么技法呢？又该怎样提高朗读的水平呢？

1. 读正语音和语调

孩子在英语学习中读正语音，不但有利于从声音方面来表达思想，而且可以提高朗读水平。读正语音就必须认真读好48个音标符号，能根据音标正确拼读出单词的读音，这是学习英语很重要的基本功，也是朗读好课文的基础。读准了单词，也要读准语调，不然，不仅让人听起来不舒服，还会让人产生误解。比如，thank you如果读成降调，则表示感谢；如果读成升调，则毫无感谢之意，甚至有时还表示反感。所以，孩子在朗读时，要认真模仿英语录音带提供的标准语调，坚持练习，这样才能使正确的语音、语调印在脑海里，从而一开口就能说得对、读得准。

2. 情境朗读

情境朗读也是朗读的一种方式，它要求孩子根据课文情境，一人扮演多种角色，运用声音和面部表情，绘声绘色地进行朗读活动。这种方式不仅可以提高孩子的朗读乐趣，还能锻炼他们的英语表达和运用语言能力。

3. 录制个人朗读录音

为进一步强化孩子的英语朗读能力，家长还可以采取更为具体的措施。比如给孩子准备几盘空白磁带，指导孩子每周对指定的英语篇目自行朗读录音，录完后，选择几盘给同学或者家长播放试听。这样，为了保证录音的效果和质量，孩子在录音前就必须先反复朗读要录制的课文，熟练朗读之后才能录音。这无形中增加了孩子练词口语的次数，加深了孩子对所学知识的理解。

而且当他们再回头来听自己的朗读录音时，发现自己也能说出这么流利地道的英语，心中就会有一种成就感，从而使学习英语的信心倍增。

4. 大声朗读

最后，孩子在熟悉文章后，还需要大声、快速、流利地朗读，这样才有利于说出地道、标准的英语。很多孩子平时怕开口说英语，不敢大声地朗读单词、句子和课文，这就为发音不准确埋下了隐患：不能准确地读出英语单词，也不能流利地读出英语句子和短文，对发音相同或相近的词难以准确地听辨出来，更不能体会英语的语感、语调和语气。试想，孩子能大声、快速而流利地朗读出这些英语句子、短文，那么，同样的句子、短文，在英语的听、说、写、运用等方面还会有问题吗？

精听与泛听

听分为精听和泛听。

精听侧重于将每个单词和句子听明白。孩子在使用这种方法时，应把录音内容从头到尾地认真听一遍，对于自己听不懂的地方需要反复听。若听力材料中的某些单词实在听不懂，孩子可按暂停键，然后通过翻书或者查字典进行解决。之后，再合上材料，直到能够将所有内容听懂。

泛听的要求没有精听高，只要大概能听明白意思就可以。在听的过程中，一定要专心致志，让自己的思维跟上录音节奏。过程中遇到生词时不要停下来，应继续坚持把全篇材料听完。这是因为有些生词对于理解文章内容来讲无关紧要，而有些单词则可以在听清绝大部分单词的基础上理解大意。

　　两种听力方式各有优势。精听可以提高孩子的辨音能力和理解能力，而泛听则可以扩大孩子的知识面，提高听力水平。经过不断地强化训练，孩子的听力水平便可以得到综合提高。

英语阅读有妙招

阅读是英语学习的重要一环。缺乏阅读，孩子的听、说、读、写等综合能力就无法得到提高和发展。可以说，英语阅读能力的高低很大程度上决定了孩子的英语水平。

想要准确、高效地做好英语阅读，我们需要从三方面着手：

（1）what I know?

（2）what I want to know?

（3）what I learned?

简而言之，就是需要弄明白我已经了解了什么，通过阅读我要解决的问题以及阅读完毕后我学到了什么。比如，在我们阅读spring festival这篇文章时，我们可以先列好下述表格，然后在K一栏填入春节的时间、春节前的两三天我们会做些什么、春节的饮食等内容。利用我们的亲身经历，就可以引出必要的背景知识。之后我们将自己想了解的问题填入W一栏，比如为什么春节要吃饺子，春节是怎样来的，

有多少年的历史，等等。将这些问题填入W一栏，就可以激发我们的
阅读兴趣，帮助我们带着目标高效地阅读全文。最后，将答案以及其
他一些知识统一填入L一栏。

K（what I know）	W（what I want to know）	L（what I learned）

除此之外，孩子还可以按照下述方法进行英语阅读的提高练习。

1. 养成默读的习惯

阅读主要指默读，因为出声阅读会受发音的影响，速度变慢，而
且也容易干扰他人。因此，当阅读开始后，孩子就应该采取默读的形
式进行阅读。

2. 养成组视的习惯

默读时如果一个单词一个单词地认，既影响阅读速度，又阻碍对句
子的理解。因此，我们应该以意群为单位认读，例如："Ben lives in/at all
building.There are/twenty floors.He lives on/the seventh floor.Everyday/
he takes the lift to go/up and down.Sometimes/he walks upstairs./He likes
walking./It does/a lot of good/to his body."进而逐步扩大到整句认读。
只有这样，才能进一步加快阅读速度，提高阅读效率。

3. 养成猜词的习惯

如果孩子遇到生词后，急于查字典、问老师或同学，而不是通
过上下文、文章背景知识等猜出词义。长此以往，必然会影响阅读速

度。因此，阅读时，孩子应尽量大胆地猜一猜词，如果实在猜不出来，再在文中做好标记，等到阅读完毕后再去解决。

4. 要注意循序渐进

阅读材料的难易程度会直接影响孩子的阅读心理，而它往往又和生词量有关，生词太多，孩子不仅读不懂阅读材料，还会对阅读产生畏惧心理，从而放弃阅读。因此，不妨指导孩子从简单的童话、故事入手，循序渐进地增加阅读难度。

5. 阅读材料要做适当延伸

比如，在学习一般现在时的时候，孩子可以选择描写爸爸、妈妈或自己一天生活的阅读材料；在学过去时态时，可以选择一些趣味性的童话故事，比如*Snow White*或*A farmer and a snake*等。

玩一玩英语游戏

英语游戏可以激发孩子的学习兴趣，帮助他们在快乐的氛围中牢固地掌握好句子。

1. 猜猜句子

猜句子游戏也是一种练习英语组词造句的方法。游戏开始前，家长把句子中的每一个单词都各自写在卡片上，让孩子迅速地读一读这个句子，之后让孩子闭上眼睛，家长迅速抽走一张或两张单词卡，并且问一下孩子"What's missing?"孩子应立马回答出所缺单词。这样，孩子就能在愉快的氛围中熟练掌握单词和句子了。

2．看图猜词

家长将单词写在卡片上，出示给孩子看过之后再收起来，从中抽出一张放在身后，由孩子进行猜词，可以问："Is it a plane（bus,bike）？"孩子回答："Yes,it is.""No,it isn't."孩子猜对了就给记10分，然后接着往下猜。

3．看图写单词

这是让孩子们复习学过单词的游戏，家长事先把需复习的20个单词用简笔画画在小黑板上或大白纸上，先不要让孩子看见。游戏开始后，家长将小黑板或白纸挂起来，让孩子们看一分钟，然后收起来，再给孩子两分钟的时间将看到的单词写出来，看看孩子可以写多少单词。

写英语日记、作文

英语写作是一种正确运用语言知识，掌握书面表达的技能。然而，根据近年来500份英语试卷抽样调查统计分析，中小学生书面表达得分率为41.3%，有32.96%的学生得零分，只有36%的学生能拿到及格分数。单从这一数据来看，学生书面表达的成绩极不理想。主要表现在：写作吃力，书面表达时写不出完整、准确的英语句子，写作时会按汉语思维来写，出现汉语式英语；有的则无话可写……

那么，面对让很多孩子都大伤脑筋、避而远之的英语作文，家长该如何指导孩子，才能帮助他们稳步地提高写作能力呢？

国内一线教师给出了这样的建议：

1. 提高孩子的口头表达能力

孩子放学回家后，家长可以让孩子朗读一篇文章，看图说话，表演小品，读日记，讲故事，讲社会、学校或班级的新闻，或以最近所学的重点语言知识为线索编短文、对话等等。这样的方式可以锻炼孩

子的口语表达能力，还能提高孩子的书面表达能力。

2. 让孩子多动笔写

让孩子坚持写日记对提高其表达能力有一定的作用。可以要求孩子把日常生活中的所见、所闻、所思等都用英语表达出来，在写作练习中，应注重体裁的多样性，如书信、日记、失物招领、说明等，只有掌握了多种体裁的文章的写法，孩子在英语写作中才能做到游刃有余，并逐步提升英语交际能力。

3. 背诵教材范文

学汉语讲究"熟读唐诗三百首，不会写诗也会吟"，学英语同样如此。对于孩子来说，教材是知识的主要来源，比如教材中的 *Conversation* 和 *Target*，所选的范文短小凝练。家长指导孩子熟读并背诵，这样课文中的经典句型和写作方式就会在孩子心中埋下种子，他们以后在写作时种子就会生根发芽，形成自己的语言生命力。

4. 写完后要检查

英语作文写完后，孩子可以从八个方面进行仔细检查、细致修改：（1）格式是否有误；（2）是否漏遗写作要点；（3）人称及主谓是否一致；（4）语态、时态有没有出现错误；（5）单复数变化是否正确；（6）单词拼写、组词搭配以及标点符号运用等是否有错；（7）句子成分完整；（8）字数是否满足作文要求。

5. 及时改正写作错误

孩子在写作文的过程中，难免会出现各种各样的错误。对此，我们要提醒孩子注意，在作文习作批改完后，要多看看老师的批注，及时发现自己在哪一方面比较欠缺，并对症下药。比如，如果孩子经常分不清单复数用法，那么就要通过多做一些相应的习题加以区分和巩固；如果孩子经常出现单词拼写错误的情况，那么就要在记忆单词方面多下功夫。

由于孩子掌握的英语词汇量有限，在写作的过程中，可能会遇到很多不会写的单词。这时，家长应该鼓励他们继续坚持写下去，不会的单词可以先空在那里，等从词典上查到了这个单词之后，再补上去。随着孩子掌握的词汇量越来越多，写英语日记或作文就会越来越顺畅。

写一写采访

小学生卢川川被同学们戏称为"英语作文的杀手"，原因是卢川川在写好英语作文方面很有经验。下面来看看他是怎么说的吧。

我的英语作文之所以能写得这么好，全靠我爸爸的帮助。爸爸经常出一些单词让我组词，丰富我的词汇和组词能力，比如，爸爸说make一词，我就用它组成make a cake, make some model planes等词语。在我可以写出简单的句子后，爸爸就给我出示几张图片，让我用英语说出图片中的故事。另外，爸爸还经常给我一些英语命题让我尝试着进行写作。比如：My family, Spring Festival, A letter to Miss Xia等等。在这些写作训练中，我觉得对我帮助最大的是写作填空训练！

在我学完 I prefer 这一个单元后，爸爸要求我写一篇介绍家庭成员

爱好的英语作文。

我以妈妈为写作对象，在爸爸的帮助下，采访了妈妈以下几个问题：

Which food do you prefer?

Which drink do you prefer?

What do you like best? Why?

在妈妈给出答案后，我做了下面的填空练习：

My mother like （   ） to eat, and she prefer （   ） to drink.She likes

（   ） best, because （   ）

这样，有了以上两步的参照，写好妈妈的饮食爱好也就不难了。

英语"错误小卡片"

在平时的英语练习中，每个孩子出现的错误各不相同。有的孩子单词没记住，有的孩子语法没有掌握，还有的孩子因为不理解句意而出现了错误。针对英语知识比较零散的特点，孩子在出现错误后该如何改正呢？

现已考入北京大学的何秋实同学推荐使用卡片来整理这些错误。对于这种方法的应用，何秋实同学是这样说的："随着英语学习的深入，我们不再只学习字母、单词和发音，还要接触短语、句式、语法、时态等知识。在最初的学习阶段，我们难免会出现这样或那样的错误。如果我们没有认真对待所犯的错误，就会一而再，再而三地犯类似甚至同样的错误，如果对这些错误不加以改正就'放掉'，势必会阻碍我们英语能力的提高。所以当发现这些错误后，我们最好将错误一一整理到卡片上，这样既简单又好用，经常把卡片拿出来看一看，就可以将这些错误'消灭'掉。"

何秋实同学所说的小卡片整理错误法，具体步骤如下：

1. 选择合适的小卡片

家长在指导孩子选择小卡片的时候，尽量选择一些规格统一、纸张较厚的，因为卡片要经常使用，如果纸张太薄，就很容易弄破，更不利于保存；卡片的正反两面最好是白色的，这样更能突显写在卡片上的文字。

2. 在小卡片上详细记录自己的错误

"错误小卡片"可不能随便乱记，而应井井有条地记录以下各项内容：

改正目标：时态错误。

典型错误：I go to the XinHua bookstore yesterday.

更正：I went to the XinHua bookstore yesterday.

改正说明：句子写的是yesterday发生的事情，应该用过去时。

特别注意：go的过去式是went。

以上这种记录方式只是起到一个抛砖引玉的作用，让孩子知道应该记录一些什么内容。至于采用何种方式记录，大概记录哪几项内容，则可以根据孩子自己的实际情况来决定。总之，目的是把自己的错误详细记录在小卡片上，以便随时查看，从而慢慢改正。

3. 给这些"错误小卡片"进行分类

如果"错误小卡片"比较多，我们最好对它们进行分类。这就好比我们把衣服按照季节分类叠放一样，我们可以指导孩子把"错误小卡片"分成这样几类：词汇类、短语类、语法类、词类、作文类等。这样一来，就能随时拿出来翻阅。

4. 记得随时翻阅"错误小卡片"

在孩子记录改正完知识点后，还要随时把小卡片拿出来看看，从而提醒自己不要再犯同类的错误。经过多次复习之后，孩子犯错误的概率就会越来越低。当他们不再犯类似的错误之后，就可以把相关的"错误小卡片"收起来了。

怎样正确书写英文

孩子不仅要注意英语字母的规范性，同时也要做到正确书写英文单词和句子。

1. 句子开头的第一个字母必须大写

比如：My name is Lily.

2. 注意保持单词之间的距离

单词与单词之间要保持约为一两个字母的宽度，不能混写在一起，让人分不清。比如："I'm glad to see you again."不能写成"I'mgladtoseeyouagain."

3. 注意格式

在书写时要注意顶格、空格，以及大小写问题，另外也要注意规范问题，该占一格的不能占两格写，书写一般采用斜体式。

4．注意保持倾斜度

孩子在书写英文字母、单词以及句子时要注意倾斜度一致。

5．注意标点符号的规范性

英语中的标点符号除了句号与省略号不一样外，其余基本相同。英语的句号不是"。"，而是实心"."；省略号不是"……"，而是"…"。